8,- €

Ursula Schlüsselberger

Gehet ein durch die enge Pforte...
Und die Pforte ist enge, und der Weg ist schmal,
der zum Leben führet;
und wenige sind ihrer, die ihn finden.
Matth.7,13

1. Auflage 1995
ISBN 3-931214-01-X

German Translation:
The Teachings of Kirpal Singh, Vol. 1,
SK - Publications, Bowling Green, USA

Herausgegeben von:
WISSENSCHAFT DER SPIRITUALITÄT e.V. München
Geschäftsstelle Jägerberg 21, D-82335 Berg
Verantwortlich für die Übersetzung: Helga Kammerl

Verlag und Vertrieb:
SK - PUBLIKATIONEN
Ludwigstr. 3
D-95028 Hof/Saale

Kirpal Singh

Der Pfad nach innen
Band 1 - Der Weg

*Ausgewählt und zusammengestellt
von Ruth Seader*

SK - Publikationen

Sant Kirpal Singh

Inhalt

1 Die traurige Lage des Menschen: An die Welt gebunden 9
2 Dem Gemüt und den Sinnen preisgegeben 13
3 Der Ausweg: Der Meister, das größte Geschenk Gottes 20
4 Apara-Vidya und Para-Vidya 34
5 Der heilige Pfad, der Surat Shabd Yoga 36
6 Initiation oder Einweihung: Das Erwachen 38
7 Meditation: Alles ist innen 45
8 Satsang: In seiner Gegenwart sein 46
9 Das Gebet: Unser Gespräch mit Gott 53
10 Unsere Pflicht und Verantwortung nach der Initiation 58
11 Selbsteinschätzung: Die neue Richtung 63
12 Gehorsam: Wenn ihr mich liebt, dann haltet meine Gebote 66
13 Der Schüler wird geprüft 74
14 Die Zeit spielt eine große Rolle 75
15 Karma: Das bindende Rad 77
16 Abkehr vom Pfad 85
17 Seine Gnade anrufen 90
Verzeichnis der englischsprachigen Quellen 93

PFAD I

Einleitung

Sant Kirpal Singh (1894-1974) war ein großer Weiser und Mystiker, der in diesem Jahrhundert lehrte. Nach einem erfolgreichen Schulabschluß stellte er sich die Frage nach dem Sinn des Lebens. Nach reiflicher Überlegung kam er zu dem Schluß: „Gott zuerst und dann die Welt." Seine Suche nach Gott führte ihn zu Füßen seines Meisters Hazur Baba Sawan Singh, bei dem er einen Weg kennenlernte, der es dem Individuum ermöglicht, sich selbst und Gott zu erkennen.

Es handelt sich hierbei um einen uralten Yogaweg, den Surat Shabd Yoga, auf dem der Schüler den Weg zu Gott findet, indem er sich ethisch und spirituell entwickelt. Der Schüler erhält eine innere Verbindung mit dem göttlichen Licht und Klang.

Die Methode und die Übungen unterscheiden sich gänzlich von den Übungen anderer Yoga-Wege. Surat heißt Aufmerksamkeit, und Shabd heißt Ton. Übt man diesen Yoga, versenkt man seine Aufmerksamkeit in das innere Licht und den inneren Ton. Diese beiden ersten Offenbarungen Gottes durchdringen die ganze Schöpfung und erhalten sie.

Der Surat Shabd Yoga ist ein uralter praktischer Weg, durch den jeder die Wiedervereinigung mit Gott erlangen kann. Dazu ist jedoch die Hilfe und Führung eines spirituellen Lehrers erforderlich. Dieser leitet dann den Schüler an, die inneren Erfahrungen durch tägliche Meditationen weiter zu entwickeln und auf der äußeren Ebene seine Pflichten in vorbildlicher Weise zu erfüllen. Dieser Pfad ist kostenlos und jedem zugänglich.

Sant Kirpal Singhs Streben war es, zeit seines Lebens diese Lehre weiterzugeben und seine Schüler anzuleiten, spirituell erfolgreich zu sein. In über zwanzig Büchern zum Thema befaßte er sich vor allem mit den Grundlagen der Spiritualität, z.B. Karma, Das Rad der Wiedergeburt, Mysterium des Todes. Ihm war es ein Anliegen, daß die Menschen erkennen, daß sie Kinder Gottes sind. So gründete er die Weltgemeinschaft der Religionen und die Konferenz zur Einheit der Menschen, deren Präsident er war. Sein hohes Ziel war, für den inneren und äußeren Frieden der Menschheit sein Leben lang zu wirken. Er gründete ein großes Zentrum, Manav Kendra, das ganz dem Dienst am Menschen und dem Dienst am Land gewidmet war.

In dem vorliegenden Band findet man eine Zusammenstellung der Quintessenz der Lehren von Sant Kirpal Singh. Es sind Texte, die dem heutigen Menschen bei der Lebensbewältigung helfen. Sie sind immer hochaktuell, denn es handelt sich um eine zeitlose Weisheit, aus der man immer schöpfen kann.

Helga Kammerl

PFAD I

1
Die traurige Lage des Menschen: An die Welt gebunden

Alle vollendeten Meister sagen, daß es einfach ist, Gott zu erkennen. Was heißt eigentlich, Gott zu erkennen? Ziehe einfach die Aufmerksamkeit von der Welt zurück und richte sie auf den Augenbrennpunkt. Es bedeutet nur, die zerstreute Aufmerksamkeit zurückzuziehen und zu konzentrieren[1].Es hängt also von eurer Aufmerksamkeit ab oder dem *Surat*, wie diese auch genannt wird, die der äußere Ausdruck eurer Seele ist. Worauf ihr eure Aufmerksamkeit auch lenkt - die daraus entstehenden Gedanken werden euch ständig beschäftigen. Wir sollten natürlich äußere Dinge bestmöglich nutzen, dürfen uns aber nicht an sie binden. Wenn wir unsere Seele nur an etwas Höheres in uns binden könnten, wären wir auf dem richtigen Weg. Was geschieht aber, wenn eure Aufmerksamkeit durch die nach außen gehenden Kräfte so zerstreut wird, daß ihr äußere Dinge wichtiger findet als alles andere? Dann könnt ihr ihnen eure Aufmerksamkeit nicht mehr entziehen. Es geht also dabei nur um die Richtung der Aufmerksamkeit. Ihr könnt sie auf äußere Dinge lenken oder nach innen kehren und sie an euer höheres Selbst binden. Deshalb müßt ihr achtgeben, wohin euch die nach außen gehenden Sinne, wie Sehen, Hören, Riechen, Schmecken und Fühlen lenken. Es sind die fünf nach außen gerichteten Kräfte, die durch die neun Öffnungen im Körper wirken. Solange diese Kräfte nicht von außen zurückgezogen werden, werdet ihr nicht in der

PFAD I

Lage sein, euer eigenes Selbst zu erkennen oder gar mit dem höheren Selbst oder Gott in euch, der das Licht und der Tonstrom ist, in Verbindung zu kommen.[2]

Was ihr regelmäßig tut, einen Tag lang, zwei Tage, zehn Tage, einen Monat oder zwei, wird zur Gewohnheit. Diese Gewohnheit verstärkt sich und wird schließlich zur Natur. Wenn ihr in die eine Richtung gehen wollt, es euch aber woanders hinzieht, werden euere Gedanken in die eine und euere Füße in die andere Richtung gehen. Wißt ihr jetzt, was notwendig ist? Gott ist in euch, wie könnt ihr Ihn aber erreichen, wenn ihr euch nicht von außen zurückzieht? Wenn ihr an den äußeren Dingen hängt, könnt ihr euch nicht nach innen wenden. Wenn ihr dieses Gebäude verlaßt, bleibt ihr derselbe. Wenn ihr diesen Körper verlaßt, seid ihr auch kein anderer. Ihr bleibt, was ihr jetzt seid. Nachdem ihr den Körper verlassen habt, könnt ihr nichts mehr dazulernen.[3] Wenn ihr hier, während ihr in der Welt lebt, verhaftet seid, wird eure Aufmerksamkeit auch noch nachdem ihr den Körper verlassen habt in der Welt sein. Wohin werdet ihr also gehen? Dorthin, wo ihr gebunden seid. Und woran sollten wir uns binden? Die Seele ist eine bewußte Wesenheit, und sie sollte sich noch während des Lebens an das höhere Selbst, die Allbewußtheit, binden. Dann werdet ihr, während ihr in der Welt lebt, nicht an ihr hängen. Ihr werdet in der Welt sein und ihr doch nicht gehören. Wenn ihr dann den Körper verlaßt, werdet ihr in den Schoß Gottes zurückkehren.[4]

Solange wir im Körper bleiben, zollen wir diesem höchsten Respekt, aber wir sind Gefangene in ihm und bleiben es, bis wir von der alles durchdringenden Kraft daraus befreit werden. Wie können wir diese Kraft erfahren? Durch die Sinne sicher nicht, denn wenn Sinne, Gemüt und Verstand nicht im Zustand der Ruhe sind, können wir sie nicht erfahren. Gott kann also nicht durch Sinne, Gemüt oder Intellekt und nicht einmal durch die *pranas*, die Lebenskräfte, erkannt werden. Er kann nur durch die Seele erfahren werden, wenn es ihr gelingt, sich durch die Praxis der Selbstanalyse selbst zu erkennen. Wenn wir die Materie vom

Bewußtsein trennen, können wir erkennen, was all unsere Sinneskräfte beherrscht. Man kann sagen, daß wir dadurch etwas über unsere Aufmerksamkeit erfahren können, denn ohne die Aufmerksamkeit funktionieren noch nicht einmal unsere Sinne. Ihr werdet z.b. bemerkt haben, daß ihr, selbst wenn euch jemand ruft, nichts hört, wenn eure Aufmerksamkeit voll auf etwas Bestimmtes gerichtet ist.[5] Wir müssen also alle unsere nach außen gerichteten Fähigkeiten unter Kontrolle haben. Wir sollten in der Lage sein, sie zu gebrauchen, wenn wir es wollen, jedoch ohne uns dabei nach außen ziehen zu lassen. Dazu sind die Tagebücher gedacht. Ihr müßt erkennen, wo ihr gebunden seid. Durch die Gnade Gottes wurde euch eine innere Verbindung gegeben. Ihr seht in euch das Licht Gottes, hört den Tonstrom. Wenn ihr dem Tonstrom eure ganze Aufmerksamkeit widmet, wird er euch wie ein Magnet nach oben ziehen. Selbst wenn jemand im Innern eine Verbindung mit Gott erhalten hat, wird er sie verlieren, wenn er sich nicht selbst beherrschen kann. Nur wenn ihr euch in der Gewalt habt, könnt ihr eure Aufmerksamkeit richten, wohin ihr wollt.[6]

Wir sind also hier, um die äußeren Dinge bestmöglich zu nutzen, nicht aber um an ihnen zu hängen. Wir sollten sie als Möglichkeit sehen, um das höhere Selbst zu erreichen. Wenn ihr aber irgendwelchen Vergnügungen so sehr zugetan seid, wenn sie euch so wichtig sind, daß ihr euch nicht davon lösen könnt, wie könnt ihr euch dann nach innen wenden und in euch die Verbindung mit Gott, die euch bei der Einweihung gegeben wurde, aufrechterhalten? Die äußeren Kräfte sollten also von uns beherrscht werden, und immer, wenn wir es möchten, sollten wir sie nutzen, aber sie sollten uns nicht nach außen ziehen.[7]

Wenn ihr erkennt, daß ihr der Bewohner des Körpers seid und nicht der Körper selbst, was ihr bis jetzt beharrlich geglaubt habt, dann ändert sich euer Blickwinkel völlig, und ihr beginnt, alles von einer anderen Warte aus zu sehen. Durch folgendes Beispiel könnt ihr das besser verstehen. Es ist nämlich nur die Widerspiegelung eures eigenen Seelenstromes, was euch, wenn dieser an etwas gebunden ist, ein Gefühl der Freude oder des Vergnügens vermittelt. Ihr sitzt in einem Opernhaus und erfreut euch, wie alle anderen Zuschauer auch, an der Vorstellung. Die Handlung läuft ab, und jeder ist in das sogenannte Vergnügen vertieft. Plötzlich kommt ein Bote in den Saal und bringt euch die Nachricht, daß euer Sohn verunglückt ist, daß er vom Hausdach gefallen und wegen eines schweren Schocks bewußtlos ist. Trotz dieser schrecklichen Nachricht geht die Vorstellung weiter wie bisher, aber eure Aufmerksamkeit ist abgelenkt, und ihr seid wegen der großen Bindung an euren lieben Sohn, der verletzt wurde, voller Sorgen und Mitgefühl. Das Ergebnis ist, daß dieselbe schöne Vorstellung, die eure Aufmerksamkeit so sehr in Anspruch genommen hatte, nun für euch uninteressant ist und euch keine Freude mehr macht.

Das zeigt, daß der Genuß in Wirklichkeit nicht in der Vorstellung lag, sondern lediglich die Widerspiegelung eurer ungeteilten Aufmerksamkeit war, die ihr der Vorstellung gewidmet habt. Genau der gleiche Grundsatz wirkt überall und zu allen Zeiten. Der Meister kennt ihn und sieht wie er wirkt so deutlich, wie wir einander sehen. Und er kommt zu unserer Befreiung und rät uns, unsere Aufmerksamkeit auf etwas auszurichten, was dauerhaft ist und uns ewige Freude und Glückseligkeit schenkt. Alles, was wir mit Hilfe unserer physischen Augen sehen, ist in ständigem Fluß und ändert sich unaufhörlich in Form und Farbe.[8] Das, wovon wir glauben, daß es uns glücklich macht, ist es eigentlich gar nicht, das Glück kommt vielmehr nur dadurch, daß wir unsere ungeteilte Aufmerksamkeit darauf richten. Das Glückserlebnis liegt also nicht in der Sache, sondern in uns selbst. Wie kann auch die Seele, die reine Bewußtheit, Glückseligkeit aus der Materie schöpfen?[9]

2
Dem Gemüt und den Sinnen preisgegeben

Gott ist nicht von uns getrennt und wir sind es nicht von ihm. Da wir uns aber nach außen, den Sinnen zugewandt haben, wissen wir nichts mehr von unserem wahren Wesen. Es ist daher notwendig, daß wir unsere Aufmerksamkeit vom weltlichen Streben lösen und "innen anklopfen", wie es Emerson nennt. Das bedeutet, daß wir uns zurückziehen müssen. Es bedeutet nicht, daß wir unsere Sinne unterdrücken sollen, aber wir sollten sie in solche Bahnen lenken, daß sie der Seele auf der physischen und auf den inneren Ebenen helfen.[10]

Das Gemüt ist in seinem gegenwärtigen Zustand mit einer riesigen karmischen Last aus den vergangenen Leben beladen. Es steht unter dem Joch der nach außen gerichteten Sinneskräfte und wird so völlig hilflos in den Abgrund sinnlicher Genüsse gelenkt. Das ABC des inneren Fortschrittes beginnt damit, daß wir unsere Wünsche beherrschen. Es heißt, daß wir uns nicht selbst erkennen können, bevor wir nicht unsere Gedanken zur Ruhe gebracht haben. Der menschliche Körper ist wie ein Wagen, auf dem die Seele fährt. Das Gemüt ist der Fahrer, der Verstand sind die Zügel und die Sinne sind die mächtigen Rosse, die im Sumpf der Sinnesbefriedigung Amok laufen. Um das zu ändern, müssen die Sinne streng geschult, der Verstand beruhigt und das Gemüt beherrscht werden, so daß wir die Seele innen erfahren können. Durch Zeitalter hindurch war das Gemüt daran gewöhnt, außen herumzustreifen. Wenn ihm innen nicht etwas angeboten wird, das ihm mehr Freude macht, kann es nicht beherrscht werden. Die vier Haupteigenschaften des Gemüts müssen erst vergöttlicht werden, bevor wir das auch nur annähernd richtig verstehen können. Und solange wir, wie es gegenwärtig der Fall ist, von den äußeren Dingen so sehr beeindruckt sind und vom Leben im Jenseits nicht fest überzeugt sind, da wir nur wenig oder gar nichts über die höheren spirituellen Wahrheiten voller göttlicher Glückseligkeit wissen, besteht keine Hoffnung, daß sich unser Gemüt in der richtigen Richtung ändert. Nur in der Gegenwart des lebenden Meisters, der die volle Herrschaft über sein Gemüt hat, finden wir eine strahlende Widerspiegelung innerer Ruhe und Gleichgewicht des Gemüts. Ein Heiliger sagt dazu treffend:

Wenn du fest entschlossen bist, auf Gott zuzugehen,
so setze einen Fuß auf das Gemüt;
mit dem anderen wirst Du dann den Weg
zum Freund finden.[11]

Das Ich ist der Freund des Selbstes und es ist auch sein Feind. Das Gemüt, das für die Sinne die Rolle eines Sklaven spielt und den Sinneserlebnissen nachläuft, erniedrigt sich selbst. Als leichtfertiger Sämann karmischer Saaten muß es in einer endlosen Folge, Leben für Leben, gezwungenermaßen einen überreichen Ertrag ernten und anhäufen. Die arme Seele, in deren Licht und Leben das Gemüt wirkt, ist hoffnungslos und hilflos in den Hintergrund verbannt, und das Gemüt maßt sich die Befehlsgewalt über die Festung des Körpers an. Welch ein Jammer! Die Prinzessin von königlichem Blut wird durch die Intrigen eines Betrügers mitgerissen, der sich seinerseits voller Freude von den Sirenengesängen der Sinne narren läßt und ahnungslos nach ihren Weisen auf der Ebene weltlichen Lebens tanzt. Kein Wunder, daß das Gemüt für die Sicherheit und Unversehrtheit der Seele, die ein Hindernisrennen mit gewaltigen und manchmal unüberwindlichen Hürden läuft, eine Gefahr darstellt. Deshalb müssen wir diesen hartnäckigen Feind unterwerfen, bevor wir den spirituellen Pfad ungehindert beschreiten können. Doch das Gemüt gewaltsam zu unterwerfen ist unmöglich. Es muß durch ständige Überredungskunst gewonnen werden und dadurch, daß ihm ein echter Vorgeschmack auf die wahren Freuden gegeben wird, was nur ein wahrer Meister-Heiliger tun kann.[12]

Das menschliche Gemüt wurde durch die Vorsehung so geformt, daß es nicht gefangen sein will, und bevor wir nicht unsere wahre Wohnstatt erreichen, ist es stets ruhelos. Es ist als Werkzeug der negativen, der bindenden Kraft jeder Seele zugeteilt und wird dieser nicht erlauben, dem wahren Heim des Vaters näherzukommen. Die Meister unterweisen uns, wie wir es für den höheren Zweck des spirituellen Fortschritts gefügig machen können. Es ist eine Tatsache, daß das Gemüt dem Ansturm der Sinne gegenüber hilflos ist, die ihrerseits disziplinlos den Befriedigungen nachlaufen. Eine sorgfältige Untersuchung wird zeigen, daß die niederen Gattungen der Schöpfung, in denen ein bestimmter Sinn besonders vorherrscht, dem Tode geweiht sind oder ihr ganzes Leben in Gefangenschaft verbringen. So ist z.B. die Motte wegen ihres ausgeprägten Sehsinnes auf Licht versessen, was ihr schließlich das kostbare Leben kostet. Eine Motte wird niemals zögern, sich in der flammenden Kerze zu verbrennen. Die Biene dagegen ist in Gerüche wie vernarrt. Sie eilt hin zu den blühenden Blumen und zieht es eher vor, darin zu sterben, als sie zu verlassen. Der Fisch ist das schnellste Geschöpf und erfreut sich seines Lebens in fließenden Gewässern. Er wiederum hat eine Schwäche für bestimmten Geschmack. Der Fischer befestigt daher nur etwas Eßbares an der Angel und der Fisch wird hilflos am Haken gefangen und dann selbst gegessen. Die Gazelle ist mit ihren Beinen eines der schnellsten Tiere und kann kaum von einem Pferd überholt werden, aber sie hat eine Schwäche für gewisse Geräusche. Die Jäger gehen in den Wald und schlagen die Trommel, so bezaubernd, daß das Wild unbewußt und unwiderstehlich angezogen wird, seinen Kopf auf die

Trommel legt und auf Lebenszeit seine Freiheit verliert. Der Elefant ist eines der mächtigsten Geschöpfe, aber durch seine Schwäche im Hinblick auf Lust, ist es leicht, ihn zu fangen. Man gräbt im Dschungel tiefe Gruben und bedeckt sie mit Zweigen und Gras. Darauf muß man als Lockvogel nur das Bild eines Elefantenweibchens stellen, und das lüsterne Tier eilt darauf zu und stürzt in die Grube, in der man es dann einige Tage hungern und dürsten läßt. Wenn man es dann herausholt, ist es so erschöpft und kraftlos, daß es für den Rest des Lebens unter dem eisernen Stachelstock arbeiten wird. Aus all diesen Beispielen wird klar, daß die Seelen, von denen wir annehmen, sie seien in niederen Formen der Schöpfung gebunden, bereits von einem einzigen Sinn überwältigt werden. Welche Chance haben dann die menschlichen Seelen, die unentwegt von den fünf mächtigen Sinnen, dem Sehen, Riechen, Hören, Schmecken und Fühlen, verlockt werden? Durch reine Gewohnheit wurde das Gemüt eingesperrt und streift nun in der Welt umher wie ein wilder Elefant in den Wäldern. Da es sich pausenlos mit äußeren Vergnügungen überfüttert hat, hat es jeden Maßstab verloren. Spirituelle Disziplin ist ihm lästig und unangenehm, weil sie seine Bewegungsfreiheit einschränkt. Und deshalb wendet das Gemüt alle Arten von Tricks an, um ihr auszuweichen, gibt sich als ehrbarer Mahner, der sich für unsere Freunde und Verwandten einsetzt und spricht salbungsvoll über unsere Pflichten und Aufgaben gegenüber der Welt in den verschiedenen Bereichen des Lebens. Wenn wir nicht sehr wachsam und kritisch sind, können wir seine Streiche nicht durchschauen und fallen leicht auf sie herein.

    Es ist die gütige Hand des Meisters, die uns hilft, den Dschungel der Sinne zu durchdringen. Ethische Disziplin ist, wenn sie unter der schützenden Führung des Meisters geübt wird, hilfreich für den spirituellen Fortschritt, denn Ethik und Spiritualität gehen Hand in Hand. Erstere ist der Acker und letztere die Saat, die unter günstigen Umständen sprießt und blüht.[13]

    Die menschliche Gestalt ist, weil die Seele in ihr wirkt, die höchste in der ganzen Schöpfung und wird als diejenige Form angesehen, die Gott am nächsten steht. Sie ist Gott am nächsten, ist ein Teil Gottes, und da sie vom gleichen Wesen ist wie Gott, ist sie ebenfalls eine bewußte Wesenheit. Und doch ist sie, trotz alledem, voller Elend. Da sie sich an das Gemüt gebunden hat, ziehen die Leidenschaften und Verhaftungen der Sinne sie von einem Ort zum anderen. Die Freuden der Welt beherrschen die Sinne, die Sinne regieren das Gemüt und das Gemüt hat den Verstand in der Gewalt. Dieser Zustand wird *kam*, d.h. leidenschaftliche Wünsche, genannt. Kam bedeutet aber auch Arbeit, und wenn wir unsere Wünsche oder Triebe umkehren und uns der entgegengesetzten Art von Arbeit widmen, werden wir den wahren Frieden des Lebens erlangen. Ein kompetenter Meister betet immer: "O Herr, halte meinen Verstand unter Deiner Kontrolle."

Gegenwärtig ist die Reihenfolge umgekehrt, denn eigentlich sollte das Pferd den Karren ziehen, stattdessen aber steht der Karren vorne dran. Die Seele sollte dem Gemüt Kraft geben, wann und wie sie es will. Aber Gemüt, Verstand und Sinne rauben die Kraft, wobei die Seele zum hilflosen Sklaven wird. Es ist alles umgekehrt. Deshalb raten die Meister: "Erkenne dich selbst", denn es ist der einzige Weg, um das Böse an der Wurzel zu packen. Seid ihr jemals in der Lage gewesen, eure Sinne zu beherrschen und sie zu veranlassen, das zu tun, was ihr wolltet, oder ihr Wirken dann zu beenden, wann ihr es wolltet? Habt ihr diese Stufe jemals erreicht? Eine komplizierte Maschine wird von einem Elektromotor angetrieben, der mit dem Elektrizitätswerk verbunden ist. Sie besteht aus vielen Einzelteilen, und man kann jedes Teil in Sekundenschnelle ausschalten. Ähnlich sollten wir unser Leben in der Hand haben und in der Lage sein, alle unsere Aktivitäten dann abzuschalten, wenn wir es möchten.[14]

Gott ist in euch, er braucht nicht erst von außen zu kommen. Es ist unser Ich oder Ego, das im Wege steht. Dieses Ego kommt dazwischen, wenn ihr euch eures Körpers bewußt seid, unabhängig davon, ob es der physische, der astrale oder der kausale ist. Wenn ihr euch über den physischen Körper erhebt, ist das physische Ich aufgehoben. Wenn ihr euch über den astralen Körper erhebt, verliert ihr das astrale Ich. Erhebt ihr euch über den kausalen Körper, werdet ihr voll und ganz erkennen, wer ihr seid. Euer Wille ist dann der Wille Gottes. Gottes Wille ist in euch.

In dieser Welt ist die höchste Erkenntnis, die wir gewinnen können, die, daß wir nur in der physischen Gestalt die Wahrheit oder Gott erkennen können. Wie können wir Gott erkennen? Durch Sinne, Gemüt, Intellekt oder durch die Pranas, die Lebenskräfte, kann er nicht erkannt werden. Wenn Gott erkannt werden soll, kann das nur durch die Seele geschehen. Und wann kann die Seele diese Erfahrung erringen? Wenn sie sich von Gemüt und Sinnen befreit hat.[16]

So lange wir keine innere Erfahrung von der Seele haben, verbleiben wir in äußerster Dunkelheit. Buchwissen allein wird zu einer drückenden Last, da es das Gemüt durch die Sinne in die Welt zieht und durch die ständige Verbindung mit der Welt uns glauben läßt, wir seien die Sinne. Im Gegensatz dazu stillt die Selbsterkenntnis das der Seele angeborene Verlangen nach Frieden und Glückseligkeit. Alles was wir erforschen sollten, ist das Buch des Lebens im Menschen, denn das wichtigste Studium für den Menschen ist der Mensch selbst.[17]

Oft sehen wir die leblosen Körperhüllen, die zur Verbrennungsstätte gebracht werden und haben vielleicht gelegentlich die Flamme mit eigenen Händen entzündet, aber es ist uns dabei nie in den Sinn gekommen, daß auch wir eines Tages sterben werden. Das mag wohl daran liegen, daß wir uns, als Widerspiegelung der Wahrheit, für ewig und glückselig halten. Gott ist Glückseligkeit. Auch wir möchten vollkommenes Glück, und aus diesem Grunde suchen wir ständig danach. Aber wie lange währt unsere irdische Freude? Solange unsere Aufmerksamkeit, die Glückseligkeit ist, auf die Ursache des Glückes gerichtet ist. Es mag etwas Gutes oder etwas Schlechtes sein, richten wir aber unsere Aufmerksamkeit darauf, so gewinnen wir daraus Freude, denn im Kern sind wir selbst alle Glückseligkeit.

PFAD I

Warum aber sind wir uns dieser uns angeborenen Natur nicht voll bewußt? Weil wir vergessen haben, wer wir sind. Der Beginn dieses Vergessens war die Geburt in die physische Gestalt. Der Körper ist der Ursprung der Täuschung. Wir sind nicht der Körper, wir sind sein Bewohner. Der Körper ist nur deshalb so anziehend, weil wir, also die Seele, ihn beleben. Wir sind von den Sinnen gefangen und suchen mit Hilfe des Verstandes nach einer Lösung, - wenn wir doch nur in uns selbst erwachen würden... Die ganze Welt liegt im Schlaf durch Verhaftung und Vergessen. Alles ist Täuschung. Weil wir die Seele mit dem Körper gleichsetzen, verliert sie sich mehr und mehr in Bindungen und erschafft sich eine neue Welt, eine Welt der Täuschung, die davon herrührt, daß wir die Dinge in einer anderen als ihrer tatsächlichen Erscheinungsform wahrnehmen. Wir denken, der Körper und seine Umgebung seien ein Teil der Wahrheit, doch das ist eine Täuschung. Wir können sogar beobachten, daß der Körper und sein Zustand nie beständig sind. Wie kann jemand, der zum Abbild des Körpers wurde und sich äußeren Übungen hingibt, erwarten, sich über den Körper zu erheben? Es gibt nur eine Lösung und die ist, jemanden zu finden, der selbst der Täuschung entkommen ist, denn für uns ist es unmöglich, uns selbst zu befreien.[18]

3
Der Ausweg: Der Meister, das größte Geschenk Gottes

Im Jap Ji sagt uns Guru Nanak:

*Es gibt die eine Wirklichkeit;
den Ungeoffenbarten offenbart.
Ewig Seiend ist Er Naam,
der alldurchdringende Schöpfer;
ohne Furcht, ohne Feindschaft,
der Zeitlose, der Ungeborene,
aus sich selbst Bestehende,
vollkommen in sich selbst.
Durch die Gnade seines wahren Dieners,
dem Meister, kann er erkannt werden.*

Der wahre Reichtum und das größte Geschenk Gottes ist der vollendete Meister, jener Mensch, der durch Selbsterkenntnis in seiner Gottheit ruht. Er ist in gewissem Sinne in verkörperter Form Gott oder ein Pol, durch den Gott sich selbst Seinem Volk offenbart. Gott ist grenzenlos und unendlich und kann durch ein begrenztes Vorstellungsvermögen nicht erfaßt werden. Wir können ihn jedoch im Meister annähernd begreifen, so wie wir die Weite des Meeres am Strand mit seinen Badestellen erahnen können, wo das Meerwasser sacht hineinfließt, so daß die Badenden gefahrlos hineingehen können.[19] So wie sich Gleichartiges anzieht, muß auch der Mensch notwendigerweise einen Menschen als Lehrer haben, denn niemand sonst kann ihn lehren. Der Weg zu Gott führt deshalb über den Menschen. Nur ein vollendeter Meister kann uns vom "Weg hinaus" aus dieser Welt berichten und vom "Weg hinein" ins Reich Gottes, das für die Menschheit im allgemeinen ein verlorenes Reich ist. Der Fall des Menschen kam durch den Menschen und auch die Erneuerung des Menschen muß durch den Menschen kommen. Aber es besteht ein riesengroßer Unterschied zwischen Mensch und Mensch, wenn letzterer Gott-im-Menschen ist.[20]

Wenn die Leute den Meister wie einen gewöhnlichen Menschen sehen, wie er ißt, trinkt usw., dann vergessen sie in ihrer Gedankenlosigkeit die Ehrerbietung. Ihr solltet immer daran denken, daß das Leben eines Meisters "zwei-in-einem" ist. Er ist der Menschensohn, nimmt alle als Brüder an, hegt gegen niemanden üble Gedanken, lebt wie ein wahrer Mensch, teilt Freud und Leid mit anderen. Er leidet auch am Kummer anderer und vergießt manchmal Tränen des Mitgefühls. Aber als sein göttliches Selbst führt er die Seelen im Innern und nach oben. Jene Unglücklichen, die ihn nur als Mensch sehen, bleiben auf der menschlichen Stufe und versäumen die kostbare Gelegenheit.[21]

Das höchste Gebet, das wir Gott darbringen können, ist deshalb die Bitte um Sein grenzenloses Erbarmen, Er möge uns mit Seinem Propheten verbinden, der uns zu Ihm bringen kann. Der vollendete Meister oder Prophet zeigt uns den Weg, die große Hauptstraße, die zu Gott führt. Sie ist nichts anderes als der Tonstrom oder das Tonprinzip, das die verschiedenen Weisen unterschiedlich benennen: Es heißt z.B. bei den Christen *das Wort* oder *der Heilige Geist*, *Kalma*, *Bang-e-Asmani* oder *Nida-e-Arshi* bei den Mohammedanern, *Udgit*, *Akash Bani*, *Naad* oder *Sruti* bei den Hindus und *Shabd* oder *Naam* bei den Sikhs.[22] Zoroaster nennt es *Sarosha* und die Theosophen *die Stimme der Stille*. Christus spricht davon als *die Stimme des Gottessohnes*. Gott manifestiert sich im

PFAD I

Meister und verbindet den Menschen mit dem Wort, damit dieser in seine wahre Heimat zurückkehren kann.

Der Tonstrom ist das Mittel zur Erlösung. Er ist der Hauptschlüssel, der das Himmelreich öffnet. Er verleiht dem Menschen ewiges Leben und bringt ihn wieder in das Paradies zurück, aus dem er wegen Ungehorsams gegenüber Gott vertrieben wurde. Welch größere Gnade kann ein Mensch von Gott erbitten, als ihn in das Reich, das er verloren hat, zurückzubringen? Wenn der Meister die verlorenen Schafe in seine Herde zurückruft, bedeutet das das Ende einer langen Verbannung durch zahllose Jahrhunderte. Er ist der gute Hirte, der das alles aus Mitleid für die irrende Menschheit tut. Solch hohe Seelen haben einen Auftrag vom Allerhöchsten.[23] Der Mensch ist nicht länger ein Verbannter in dieser Welt, sondern Erbe des Reiches Gottes, wieder eingesetzt in seine angeborene Göttlichkeit.

Das ist die wahre Erfüllung des Bündnisses zwischen Gott und Mensch, und die wahre Auferstehung vom Tod, wie sie der Gottessohn dem Menschen gewährt. Das ist die Erfüllung von Gottes Gesetz und der Zweck der menschlichen Geburt. Hierin liegt die Bedeutung der Meister-Seelen. Sie bewirken die Wiedervereinigung von Mensch und Gott. Die so lange anhaltende Zeit der Trennung geht zu Ende, und das verlorene Kind wird wieder zum Vater zurückgebracht. Es ist die großartige Rückkehr durch endlose Prüfungen und Drangsale. Die rettende Gnade Gottes wird durch den vollendeten Meister bewirkt, und der Zweck des Lebens ist erfüllt. Von da an sind der Sohn und der Vater nicht nur versöhnt, sondern werden eins.[24]

Es ist wie beim Pfropfen, wenn der Zweig eines Baumes in einen anderen Baum eingepflanzt wird. Was geschieht? Die Frucht des zweiten Baumes nimmt, während sie die eigene Form und Farbe beibehält, den Geschmack und die Würze des anderen an. Genau das geschieht, wenn die Meisterkraft oder der Impuls des Meisters im Schüler wirkt. Während der Schüler äußerlich so bleibt wie zuvor, ist er im Innern nicht länger derselbe, weil er mit einem Lösegeld freigekauft wurde. Um mit Gott, *fana-fil-al-*

lah, eins zu werden, muß man zuerst mit dem vollendeten Meister, *fana-fil-sheikh*, eins sein. Das ist der leichteste Weg, um Gott zu erreichen.[25]

Wir haben bisher Gott noch nicht erfahren und deshalb weder von Ihm noch von Seinen Kräften eine Vorstellung. Unser Wissen über Ihn, wie gering es auch sei, stammt aus zweiter Hand, aus Büchern oder von Menschen, die genauso wenig über Gott wissen wie wir. In einem solchen Zustand können wir zu keiner inneren Betrachtung gelangen. Aber vielleicht gibt es jemanden, der unmittelbares Gotteswissen besitzt und im Innern mit dem Unendlichen in Einklang ist. In dessen Gegenwart liegt ein besonderer Zauber. Seine gewichtigen Worte der Weisheit sinken sofort tief ins Gemüt. Seine Äußerungen, durchdrungen von seiner Kraft, haben magnetischen Einfluß. Man fühlt eine Art Heiterkeit und innerer Ruhe in seiner heiligen Gegenwart. Er redet über Gott nicht aus dem Verstand heraus, sondern spricht einfach mit Seiner Erlaubnis über Ihn, denn er hat Gott aus erster Hand erfahren und lebt jeden Augenblick seines Lebens bewußt in Ihm. Einen solchen Menschen kann man einen Propheten, einen Messias oder einen vollendeten Meister nennen. Die Evangelien sagen uns, daß Gott durch seine Propheten oder Auserwählten spricht. Es ist eine ganz natürliche Sache. Nur ein Mensch kann Lehrer der Menschen sein, und für die Wissenschaft Gottes brauchen wir einen vollendeten Meister, der uns diese lehrt. Der Sant Satguru ist der Pol, von dem das Licht Gottes ausstrahlt. Nur durch ihn können wir vom Pfad, der zu Gott führt, erfahren; und er kann der sichere Führer sein, auf den wir bauen können, in Wohl und Wehe, hier und danach. Aus dem oben Gesagten folgt notwendigerweise, daß der vollendete Meister oder Sant Satguru die richtige Persönlichkeit ist, der wir uns zu allererst nähern und an die wir all unsere Gebete richten sollten. Glaube ist der Schlüssel zum Erfolg in all unseren Bemühungen. So müssen wir voll und ganz an die Fähigkeiten des Meisters glauben. Mit Liebe und Demut müssen wir in der göttlichen Wissenschaft beginnen wollen. Wir müssen zu ihm aufrichtig aus der Tiefe unseres Herzens beten. Wir sollten es wirklich als günstiges Geschick betrachten, wenn er uns in seiner Gnade annimmt, um uns Selbsterkenntnis und Gotterkenntnis zu vermitteln - was tatsächlich die Grunderkenntnis ist, der alles Weitere entspringt.[26]

Wir sollten zum Meister gehen und ihn bitten, uns hier herauszuholen - "Er hat die Liebe und wir sind Gefangene - Er kommt auch in dieses Gefängnis, nur um unseretwillen - Er nimmt dieses schmutzige Gewand an, diese menschliche Gestalt, nur um uns zu befreien. O Meister, wenn Du uns nicht hilfst, wer kann es dann?" Wer das Haus verlassen hat und auf dem Dach steht, kann die Hand eines anderen ergreifen und ihn dann hochziehen. Der mächtige Meister zieht die Seele heraus. Der vollkommene Meister gibt uns einen Auftrieb, eine Erfahrung, wie man sich über das Körperbewußtsein erhebt. Wir brauchen diese Hilfe, wie könnten wir uns sonst selbst nach oben erheben? Wir bekommen eine innere Verbindung und einen Vorgeschmack auf Maha Ras, den reinen Nektar, der uns vollständig aus dem Einflußbereich der äußeren Reize herausholt. So kann das Gemüt mit Naam beherrscht werden. Um mit Naam verbunden zu werden, müssen wir zum Meister gehen.[27]

Wie erkennt man einen vollendeten Meister? Soamiji *) hat diese Frage im Sar Bachan **) sehr schön beantwortet. Er riet, man solle, sobald man von einem Heiligen oder Meister höre, einfach zu ihm gehen und sich in tiefer Demut und Verehrung zu ihm hinsetzen. Schaut einfach in seine Augen und auf seine Stirn, voll tiefer Empfänglichkeit wie ein Kind. Ihr werdet spüren, daß die Seele nach oben gezogen wird und werdet die göttliche Ausstrahlung seiner Augen und seiner Stirn wahrnehmen. Und wenn ihr irgendwelche Fragen auf dem Herzen habt, werden diese durch das, was er sagt, von selbst beantwortet werden, ohne euer Zutun. Das wichtigste aller Kriterien eines vollkom-

---

*) *Soamiji,* Seth Shiv Dayal Singh, 25. 8. 1818 - 15. 6. 1878, Meister des Surat Shabd Yoga
**)*Sar Bachan* Prosa und Gedichtform der Lehren Soamijis

menen Meisters ist, daß er innen die bewußte Verbindung mit dem heiligen Naam geben kann, was man bei der Einweihung in Form des göttlichen Lichts und des heiligen Tonstroms bekommen muß. Weiter sollte er in der Lage sein, seinen Schülern in der Astralebene Führung zu gewähren und die Seele beim Verlassen des Körpers zu beschützen.[28] Wenn ihr zu einem vollkommenen Meister geht, fragt ihn in voller Aufrichtigkeit und Demut soviel ihr wollt, und wenn ihr dann zufrieden seid, geht diesen Pfad und arbeitet mit. Ihr solltet auch daran denken, daß ein wahrer Meister niemals jemandem seinen Willen aufdrängen wird, sondern er wird dessen Verständnis solange entwickeln, bis es für denjenigen anziehend wird.[29]

Der Mensch zögert und fürchtet sich davor, sich einem Meister-Heiligen zu nähern, weil sein Leben voller Fehler ist, beim einen mehr, beim anderen weniger. Fürchtet euch niemals, zu einem Meister-Heiligen zu gehen, nur weil ihr Sünder seid. Er ist mehr für die Sünder da, als für andere. Er hat ein Heilmittel für jede Wunde. Wendet euch einfach an ihn und er wird einen Weg finden, euch von den Sünden zu befreien. Wohnt jemand weit entfernt, so kann er an ihn schreiben. Er hat Mittel und Wege, jedem Fall gerecht zu werden und ist zu allem befähigt.[30]

Vollendete Meister kommen nicht in die Welt, um neue Gesetze zu schaffen oder die bestehenden aufzuheben, sondern nur, um das allumfassende göttliche Gesetz, das unveränderlich ist, zu bewahren. Ihre Botschaft ist eine Botschaft der Hoffnung, der Erfüllung und Erlösung für alle, die auf der Suche nach dem Göttlichen im Menschen sind, und somit repräsentieren sie eine große und starke Kraft, die alle Glaubensbekenntnisse und Lehren übertrifft, und zeigen einen gangbaren Weg heraus aus den theoretischen Meinungsstreitigkeiten der sogenannten religiösen Hochburgen. Sie steigen hoch hinauf in den feinstofflichen Bereich des Geistes und errichten, einer Feldlerche gleich, eine bleibende Verbindung zwischen dem weltlichen Leben auf der Erde und dem makellosen geistigen Zufluchtsort. Vollendete Meister sind im Einklang mit allen Religionslehren und doch bindet sie keine, denn sie zeigen der Menschheit, was das Wesentliche und Erhabene im Kern jeder Religion ist.³¹ Sie kommen nicht, um eine neue Religion zu gründen, und sie predigen nicht aus einer bestimmten Schrift. Sie kommen direkt von ihrer göttlichen Wohnstatt mit einem eigenen besonderen Gesetz, und deshalb gelingt es den weltlichen Menschen oft nicht, sie zu verstehen. Was die strengen Prüfungen betrifft, um festzustellen ob ein Suchender bereit ist, so ist es erfreulich zu wissen, daß diese während des Kali Yuga, des eisernen Zeitalters, abgeschafft worden sind; aber wenn es erforderlich ist, werden dem Anwärter prüfende Fragen gestellt.³²

Der Meister spricht stets mit einer Bestimmtheit, die aus seiner Überzeugung stammt. Er weiß und kennt alles aus erster Hand, denn sein Wissen entspringt seiner unmittelbaren Einheit mit dem allumfassenden Urgrund, der Quelle allen Seins.³³ Jedes Wort, das ein Heiliger äußert, ist von der unveränderlichen Wahrheit geprägt, die weit jenseits menschlicher Erkenntnis liegt.

Sie sind das Sprachrohr Gottes,
und was sie auch äußern,
kommt von oben zu ihnen,
obwohl es scheinen mag,
daß es aus sterblichem Munde kommt.

Jeder, der sich aufrichtig nach Gott sehnt, wird Ihn ganz bestimmt erreichen. Viele werden sagen: "Ich will zu Gott", aber sie sollten ihren Wunsch einmal genau prüfen und herausfinden, warum sie zu Gott möchten. Oft wird sich zeigen, daß sie sich eigentlich die Gesundheit ihrer Kinder wünschen, oder Reichtum, Namen und Ansehen, das Ende ihres Unglücks oder Frieden im Jenseits oder noch viel anderes. Jeder will etwas besonderes, aber niemand möchte wirklich Gott und nur Gott allein. Alle schreien nach weltlicher Befriedigung, und Gott gewährt weiterhin ihre Wünsche. Der barmherzige Gottvater hat folgendes angeordnet: "Was sich eines meiner Kinder wünscht, soll ihm gegeben werden." Und wer Gott wirklich und nur Ihn allein möchte, wird ganz bestimmt seinen Herzenswunsch erfüllt bekommen. Eine so ausschließliche, auf ein Ziel gerichtete Hingabe ist die ideale Voraussetzung um zu Gott zurückzukehren.

Ich möchte weder Swarg, den Himmel,
noch Vankunt, den höheren Himmel;
Ich möchte nur zu den Lotusfüßen
meines Meister ruhen.

Wie kann man Gott erreichen, wenn man sich die Früchte dieser oder der nächsten Welt wünscht? Erforscht euer Herz und findet heraus, ob ihr wirklich Gott wollt. Wahres Verlangen gibt es schon, es ist jedoch sehr selten.[35]

Das Wichtigste für den Menschen ist, sich auf die Stufe Gottes zu erheben. Im vollendeten Meister ist Gott vollkommen offenbart. Wenn wir zum Meister werden, erheben wir uns auf die Stufe Gottes und beginnen, die Kraft und den Geist Gottes im Meister zu sehen. Von Gott können wir uns weder ein Bild machen, noch über Ihn nachsinnen, da er formlos ist. Im Meister dagegen nimmt Gott Gestalt an. Hingabe an den Meister ist somit Hingabe an Gott in ihm. Der Meister ist in Wirklichkeit nicht der Körper, sondern die Gotteskraft, die in und durch diesen Körper wirkt. Er ist der menschliche Pol durch den die göttliche Kraft wirkt und das Werk der geistigen Wiedergeburt vollbringt. Diese Kraft wird niemals geboren noch stirbt sie. Sie bleibt ewig dieselbe.[36]

Ihr könnt ihn mit jedem beliebigen Namen bezeichnen, Meister, Sadhu, Mahatma oder sonstwie. Als man Hazur ***) fragte, wie man ihn nennen solle, sagte er: "Nennt mich Bruder, seht mich als Lehrer oder wie euren Vater, aber lebt gemäß meinem Rat; wenn ihr die höheren Ebenen erreicht und die Herrlichkeit des Meisters seht, dann mögt ihr euer Herz sprechen lassen."[37]

***) *Baba Sawan Singh*, 1858 - 1948, Kirpal Singhs Meister

PFAD I

Unsere Mitmenschen zu lieben, sie zu achten und ihnen dankbar sein, heißt Gott lieben und verehren. So ist auch die Liebe zum sichtbaren Meister, der unser engstes Bindeglied zu Gott ist, in Wahrheit Liebe zum höchsten Vater. Diese Liebe hat Spiritualität zum Ziel und bedeutet nicht, einen Menschen anzubeten. Die Umgebung, in der sich solch ein wahrer Meister bewegt, ist mit Strömen des Friedens und der Liebe aufgeladen, die alle anziehen, die mit ihm in Berührung kommen. Sogar Briefe, die von ihm oder in seinem Auftrag geschrieben werden, tragen einen Strom der Berauschung in sich, der die innersten Tiefen des Herzens beeinflußt. Der Meister geht Gott voraus.[38] So wandelt also Gott, verkleidet als gewöhnlicher Mensch. Keiner kann einen vollendeten Meister äußerlich erkennen; erkennen kann ihn nur der, der mit ihm innen in Verbindung kommt. Das ist so gemäß der göttlichen Wissenschaft, d.h. es entspricht den Gesetzen, die Gott für den Menschen geschaffen hat. Wenn wir einen Meister-Heiligen als gewöhnlichen Menschen betrachten, können wir keinen Nutzen von ihm haben. Wenn wir ihn als höheres Wesen sehen, ist der Nutzen schon größer. Aber wenn wir ihn als ein und alles annehmen, wird es ein wahrhaft großer Segen für uns sein. Sobald wir mit dem Meister innen in Verbindung kommen, erreichen wir einfach alles.[39]

Der Meister kann über jemanden, der ihm begegnet, alles wissen. Er verhält sich jedoch so, daß niemand durch sein Verhalten in Verlegenheit gebracht wird und versucht, dem Menschen auf seiner Ebene zu begegnen. Er sieht uns etwa so, wie wir sehen können, was in einem Einmachglas enthalten ist, Essiggurken oder Marmelade, aber aus lauter Güte versucht er das zu verbergen, da er sonst die ethischen Gebote übertreten würde. Ein Initiierter eines vollendeten Meisters trägt die strahlende Gestalt seines Meisters am Augenbrennpunkt; der lebende Meister kann das sehen.[40]

Er ist sein eigener Herr und kann seine göttlichen Segnungen jedem nach seiner Wahl schenken. Aber den Beginn sollten wir nicht als Endpunkt sehen. Vom Schüler wird ein lebenslanges

PFAD I

Ringen und unentwegte Bemühung verlangt, denn er muß sich weiterentwickeln. Tatsache ist, daß der Schüler in dem Augenblick, wenn ihm das Geschenk der heiligen Initiation gewährt wird, ein vollgültiges "Visum" erhält zum Betreten der inneren Regionen bis hinauf zur wahren Heimat des Vaters. Aber es gibt nur sehr wenige, die hart dafür arbeiten und ihr Leben so führen, wie es der Meister gerne möchte, und die dann innen auch fortschreiten können. Bitte lest in dieser Hinsicht im *Jap Ji*, Strophe 33 nach, wo dies ausführlich erklärt wird.[41]

Du hast nicht die Kraft, zu sprechen oder still zu sein,
keine Kraft, zu verlangen oder zu geben,
du hast keine Macht über Leben und Tod,
keine Macht über Reichtum oder Ansehen,
und deshalb bist du immer ruhelos.
Du hast keine Macht über spirituelles Erwachen,
keine Macht, die Wahrheit zu erkennen
oder deine eigene Erlösung zu erlangen.
Wer die Kraft zu haben glaubt, möge es versuchen.
O Nanak! Niemand ist hoch oder niedrig,
es sei denn, durch Seinen Willen.[42]
           Aus dem Jap Ji

Ohne einen vollendeten Meister kann das Geheimnis der Seele niemals gelöst werden. Es bleibt ein versiegeltes Buch. Der Aufstieg der Seele in die höchsten Regionen ist unmöglich, wenn man in diese Ebene nicht eingeführt wird. Gewiß, man kann durch Simran, die Wiederholung der heiligen Namen, den Geist vom Körper bis zum Augenbrennpunkt zurückziehen oder manchmal etwas Licht sehen, aber es ist nichts da, was uns übernimmt oder nach oben führt. Viele wurden Zeitalter um Zeitalter in diesen Grundstufen festgehalten und es kam keine Hilfe, die sie hätte nach oben bringen können. Einige nannten diese Stufe das ein und alles, aber noch immer schmachten sie in den Randgebieten der groben und im Bollwerk der feineren Materie. Denn genau da ist die Hilfe eines befähigten Meisters notwendig, um sie aus dem eisernen Griff der feinsten Materie zu befreien. Und es sollte jemand sein, der durch die verschiedenen Stufen der inneren Entwicklung gegangen und zur Ebene des reinen Geistes, Sat Naam, gelangt ist, die weit jenseits des Zugriffs aller Materie liegt.[43] Wenn ein Meister einen Schüler auf diesem Pfad einweiht, wird er ihn nicht verlassen, bis er ihn in den Schoß des Sat Purush, in den Schoß Gottes in seiner wahren Form, gebracht hat. Danach wird ihn Sat Purush selbst nach Alakh, Agam und Anami, zu den Bereichen des nicht wahrnehmbaren, unfaßbaren und namenlosen Gottes bringen. Die Pflichten eines Meisters bedeuten, daß sehr hohe Ansprüche an ihn gestellt werden, und in Wahrheit ist ein Meister, der innere Meister, Gott selbst. Der jeweilige Pol, in dem sich Gott selbst offenbart, ist bekannt als *Sadhu Sant* oder *Mahatma* oder Meister. Er sagt nie: "Ich bin der Handelnde," sondern beruft sich immer auf den Willen Gottes.[44] Es ist Gottes Gesetz, daß Ihn niemand, es sei denn durch eine Meisterseele, erreichen kann. Das wurde von nahezu allen Heiligen, die bisher kamen, verkündet.[45]

Die erlösende und die bindende Kraft sind die zwei Seiten des Absoluten, die von ihm ihre Kraft beziehen. Die Aufgaben dieser Kräfte sind entgegengesetzt - die eine dient dazu, sich innen zurückzuziehen bis jenseits der Sinne, wohingegen die andere nach außen führt. Ein Meister der höchsten Ordnung weiht die Seelen in die Geheimnisse des Jenseits ein, damit sie zur wahren Heimat des Vaters zurückkehren können. Sein Werk ist rein spirituell, auf der Grundlage ethischer Lebensweise. Die bindende Kraft ist die Kraft, die diese Ebene beherrscht, und gemäß dem Gesetz des Karma Ausgleich für jeden Heller verlangt. Den Schülern wird zu ihrem eigenen spirituellen Vorteil geraten, die heiligen Gebote zu befolgen, um die karmische Last so gering wie möglich zu halten, und sich innen auf das heilige Naam abzustimmen, um in seinem Willen und Wohlgefallen zu ruhen und der karmischen Last zu entkommen. Jedes Vergnügen hat seinen Preis; das ist das Gesetz der bindenden Kraft. Deshalb sollten die Gottsuchenden ihr Leben gemäß der strengen spirituellen Schulung einrichten und eine solche erhabene Lebensweise auch beibehalten.[46]

Ihr seid vom ersten Tag an, an dem er die Einweihung gewährt, in der Obhut eines wahren Meisters. Er wird zum wahren Atem des Schülers. Baba Sawan Singh sagte immer, daß von dem Tag an, an dem der Meister die Segnungen von Naam gewährt, der Meister neben der Seele zum Bewohner des Körpers wird. Von diesem ersten Augenblick an beginnt er, das Kind mit Liebe und unter seinem Schutz zu formen, bis er es schließlich in den Schoß der Überseele bringt. Bis dahin verläßt er es nicht eine Minute.[47] Nur aus dem ihm innewohnenden Mitleid heraus belebt er uns mit seinem eigenen Lebensatem seiner Göttlichkeit.[48]

Es ist wahr, daß der Meister das Karma abwickelt, aber nicht einfach nur so; er richtet es so ein, daß es die Menschwerdung der Schüler fördert. Er nimmt die Kinder in seine Obhut. Aber bevor er sie heimbringt, wird er sie zu etwas Wertvollem machen, denn es ist seine Pflicht, sie zunächst zu reinigen. Niemand packt schließlich schmutzige Kleider zur Aufbewahrung weg. Viele freuen sich, wenn sie initiiert sind und sagen: "Wir haben einen Meister; wir sind erlöst." Wenn ihr dem Meister begegnet und seine Worte befolgt, werdet ihr Erlösung erlangen.[49] Der Meister kann Freude oder Leid geben, denn er muß aus einem rohen Stein eine ansprechende Form machen und deshalb alles Karma abwickeln. Aber ein wahrer Anhänger wird niemals klagen, welches Leid ihm auch immer widerfährt.[50]

Das Band zwischen Meister und Schüler ist das stärkste in der ganzen Welt. Nicht einmal der Tod kann sie trennen, denn sie sind durch den heiligen und allmächtigen Willen Gottes verknüpft. Der Meister bleibt beim Schüler, wo dieser auch sein mag. Tod oder Entfernung sind in der Beziehung zwischen Meister und Schüler unwesentlich. Er ist immer an seiner Seite, hier und im Jenseits.[51] Wer sich dem Willen des Meisters hingibt, unterstellt sich ihm ganz. Der Meister seinerseits beeilt sich, um die Göttlichkeit im Schüler zu erwecken. Er spricht mit ihm von Angesicht zu Angesicht und berät ihn in Notzeiten. Er formt den

PFAD I

Schüler zum Ebenbild Gottes und macht ihn zu einem lebenden Tempel göttlicher Bewußtheit.[52] Wer an ihn glaubt und an ihn denkt, dem wird er vollkommenen Frieden geben. Es besteht Hoffnung für jeden. Die Meisterkraft kommt in die Welt, um die Sünder zu erlösen und sie auf den Weg zurück zu Gott zu stellen. Es liegt an euch, ihr ergeben zu sein und ihre Gebote zu halten. Das übrige muß sie tun.[53]

Der Meister verleiht die Lebenskraft, das unvergleichliche Geschenk. Es gibt viele Arten von Geschenken, doch das Geschenk von Naam steht über allen anderen, und hat es der Meister euch einmal gewährt, dann entwickelt er es in euch, denn er möchte, daß ihr dieselbe Stufe erreicht wie er. Er möchte, daß ihr die gleiche Glückseligkeit genießt, deren er sich erfreut.[54]

So müßt ihr wissen, daß ihr Gott begegnet seid, wenn ihr einen wahren Meister getroffen habt. Er ist nicht nur ein Lehrer, sondern ein Botschafter, der gekommen ist, euch zu Ihm zurückzuführen. Geht dorthin, wohin er euch führt. Wenn ihr ihm gehorcht, werdet ihr werden, was er ist. Kommt aber euer Gemüt dazu und greift ein, werdet ihr nicht in der Lage sein, auch nur in seine Nähe zu kommen. Wer einem vollkommenen Meister begegnet, ist wahrlich gesegnet.[55] Ein wahrer Meister möchte nichts von seinen Kindern, er ist nur dankbar, daß wieder eine Seele frei wurde und zu ihrer Heimat zurückkehrt. Er liebt die Seele wahrhaftig.[56]

Kein vollkommener Meister hat jemals seine Schüler im Stich gelassen. Werdet euch völlig darüber klar, daß dieser Eine euch nicht verlassen wird. Denkt einmal gründlich über diese außergewöhnliche Gunst nach, denn euch wurde eine göttliche Fügung gewährt. Der Meister ist nicht der Körper. Er ist die Kraft, die durch den Körper wirkt, und er gebraucht seinen Körper, um den Menschen zu lehren und zu führen.[57]

So behaupten die Meister mit Überzeugung, daß hier nicht der Ort für den ständigen Aufenthalt eurer Seele sei, sondern nur ein Rasthaus für eine begrenzte Zeit, die euch zu dem höheren Zweck eurer spirituellen Vervollkommnung zugewiesen wurde.

PFAD I

Wenn ihr die Dinge von diesem hohen Gesichtspunkt aus betrachtet, wird euch klar werden, daß unser Leben bis jetzt so unnütz war wie nur irgend etwas. Für jeden von uns ist das von tiefer Bedeutung und wir müssen unsere Lage sorgfältig abschätzen, bevor es zu spät ist und wir gezwungen sind, ein verlorenes Spiel zu spielen.[58]

Ohne die Anweisungen eines vollendeten Meisters kann man sich mit dem Wort nicht vereinen. Erlangt man aber die Vereinigung, führt dies die Seele zum Herrn, von dem das Wort ausgeht, und alle unsere Anstrengungen werden reichlich belohnt. Wenn ihr aufgrund eines unermeßlich guten Schicksals einen solchen Meister findet, dann haltet mit ganzem Gemüt und ganzer Seele an ihm fest, denn durch ihn könnt ihr das Ziel eures Lebens, die Selbstverwirklichung, erreichen. Schaut nicht auf seine Religionszugehörigkeit oder auf seine Hautfarbe. Erlernt von ihm die Wissenschaft des Wortes. Der Meister ist eins mit dem Wort. Das Wort ist in ihm, es verkörpert sich im Menschen, um die Menschen zu lehren. Wahrlich, das Wort ward Fleisch und wohnte unter uns.[59]

4
Apara-Vidya und Para-Vidya

Die äußeren Lehren, die man auch *Apara Vidya* nennt, sind hilfreich, doch sollte man sie nicht einfach blindlings übernehmen. Fragt einfach nach den Gründen, warum gewisse Riten durchgeführt werden, warum z.b. Lichter angezündet oder Glocken geläutet werden usw. Wenn ihr eure Nachforschungen fortsetzt bis ihr wirkliche Erklärungen findet, dann habt ihr eure Zeit gut angewandt. Frommes Brauchtum blindlings auszuführen, kann zwar zu Gemütsruhe führen, bietet aber nichts von Wert.

Wenn wir nicht mehr und mehr erwachen, wird alles, was wir tun, wenig bringen. Lernt zu unterscheiden. Macht euch das Erbe der Wahrheit zu eigen, aber gebraucht das Unwahre auf sinnvolle Weise. Geht zu jemandem, der voll erwacht ist, der die volle Unterscheidungskraft hat. Ihr könnt ihn nennen, wie ihr wollt. Einige sagen Meister oder Sant oder Mahapurush oder Satpurush. Aber obwohl wir alle Menschen sind, ist nur der Mahapurush ein erwachter, ein wahrer Mensch. Der Satpurush ist mit der Wahrheit selbst eins. Wir alle sind Purush oder bewußte Wesen und wir sind in der glücklichen Lage, die menschliche Gestalt zu haben. Dies ist die große Gelegenheit, den Herrn zu erkennen.

Apara Vidya ist ein Begriff, der die äußeren Übungen beinhaltet, die Wiederholung von Namen, Buße, Gebete, hingebungsvolle Rituale und Bräuche, Pilgerreisen, Almosen und milde Gaben, das Studium heiliger Schriften, Loblieder usw.. Sie alle stehen mit dem Gemüt und den Sinnen im Zusammenhang. Für diese guten Handlungen werden wir zwar belohnt, aber üben wir sie aus, so bleiben wir die Handelnden, und solange wir uns als solche betrachten, werden wir uns weiter in diesem endlosen Rad der Geburten und Tode drehen. Ist das Ego dabei, binden sowohl gute als auch schlechte Handlungen, es sind, wie Krishna sagte, "wie goldene und eiserne Fesseln."[60]

Para Vidya hat zum Ziel, die Seele mit der Wahrheit zu verbinden. Ego und Verhaftung werden durch das Feuer von Shabd verbrannt; der Gurmukh *) erlangt das immerwährende Licht. Dieses Shabd kann man nur vom Meister erhalten. Es gibt auch Ashabd, den wortlosen Gott, aber als Er sich offenbarte, wurde diese Offenbarung Shabd oder das Wort genannt. Durch Shabd entstand die Schöpfung und durch Shabd geschieht die Auflösung. Schöpfung, Auflösung und wieder Schöpfung - alles kommt durch die Kraft von Shabd. Und wo ist Shabd? "Shabd ist die Erde, Shabd ist der Himmel; durch Shabd kam das Licht; die Schöpfung kam aus Shabd; O Nanak, Shabd ist in jedem Wesen." Shabd wird auch Naam genannt. Und darüber heißt es: "Naam ist der Nektar des Lebens, es ist der Name Gottes und wohnt in diesem Körper." Wann kann man Naam sehen? Wenn die Sinne beherrscht, das Gemüt still und der Intellekt ruhig sind, dann erkennt die Seele in kristallner Klarheit. Das ist die erste Stufe, um Gott zu erkennen. Die Selbsterkenntnis geht der Gotterkenntnis voraus. Wenn man sich über die Sinne erhebt und erkennt, wer man ist, dann begreift man, warum es heißt: Selbsterkenntnis ist Gotterkenntnis.[61]

---

*) *Gurmukh* Sprachrohr des Meisters

5
Der heilige Pfad, der Surat Shabd Yoga

Der Hinweis auf Licht und Ton ist bei den Meistern des Surat Shabd Yoga nicht bildlich, sondern wörtlich gemeint, und bezieht sich nicht etwa auf eine Beleuchtung oder die Töne dieser Welt, sondern auf die inneren, jenseitigen Welten. Die Meister lehren, daß dieser überirdische Ton und dieses Licht die allerersten Offenbarungen Gottes waren, als Er sich als Schöpfung ins Sein brachte. In Seinem namenlosen Zustand ist Er weder Licht noch Dunkelheit, weder Ton noch Stille, doch wenn Er Gestalt und Form annimmt, entstehen Licht und Ton als Seine ersten Merkmale.[62]

Wenn wir sagen, der Surat Shabd Yoga, die Vereinigung der Seele mit Naam, sei leicht, so benützen wir die Worte nur vergleichend. Im Vergleich zu anderen Formen des Yoga, wie z.B. zum Karma-Yoga, Jnana-Yoga, Bhakti-Yoga, Raja-Yoga, Hatha-Yoga oder dem traditionellen Ashtang-Yoga ist er eben leichter. Sie alle verlangen strenge äußere Disziplin und ein gewöhnlicher, arbeitender Mensch hat weder Geduld, noch Zeit, Kraft oder Muße, sich dem mit voller Aufmerksamkeit zu widmen. Den Surat Shabd Yoga andererseits kann jeder ausüben, Mann oder Frau, jung oder alt, jeder mit gleicher Leichtigkeit und Möglichkeit. Wegen seiner Natürlichkeit und Einfachheit wird er oft "Sehaj-Yoga" genannt.[63]

Die Methode des Surat Shabd Yoga, wie ihn Guru Nanak beschrieben hat, ist die natürlichste. Auch ein Kind kann sie mit Leichtigkeit praktizieren. Sie ist von Gott selbst so vorgesehen und nicht durch menschliche Bemühungen entstanden. Deshalb darf auch weder etwas hinzugefügt, noch abgeändert oder eingeschränkt werden.[64] Ihr glaubt, der Heilige Pfad sei äußerst schwierig. Das mag sein, aber durch die Führung und Gnade des Meisters wird er erträglicher. Der Segen, den man von diesem Pfad erhält, ist unermeßlich. Was ist es dann schon, wenn ein kleines körperliches Opfer gebracht werden muß, um das große spirituelle Ziel zu erreichen.[65] In früheren Zeiten mußte man viele Jahre zu Füßen eines Meisters zubringen, bevor man etwas erhalten hat. Aber wer kann das heutzutage noch? Heute muß zuerst der Meister etwas geben, und dann lernt der Schüler, sein Leben zu reinigen. Ihr könnt selbst feststellen, daß der Meister um so mehr Gnade verleiht, um jede Seele zu retten, je mehr das Kali Yuga, das negative Zeitalter, an Einfluß gewinnt.[66]

Der Pfad ist schmal, eng und schwierig, mühsam und anspruchsvoll, aber wenn jemand wirklich willens ist, erhält er jede Hilfe. Er kann das Ziel in diesem Leben erreichen, ein Ziel, das alle anderen Ziele in den Schatten stellt, denn außer diesem einen gibt es überhaupt keine wahren Ziele, sondern nur Tand und Spiel, bestenfalls Zwischenstationen.[67]

PFAD I

6

Initiation oder Einweihung: Das Erwachen

Das menschgewordene Wort, die Meisterkraft, gibt die Initiation und es spielt keine Rolle, wo sich der Meister zur Zeit der Einweihung körperlich befindet. Unabhängig davon, ob der Meister selbst da ist oder weit weg in fernen Ländern, die Meisterkraft wirkt immer. Wenn er weit entfernt ist, gibt der Beauftragte die Initiationsanweisung, im allgemeinen in den Morgenstunden. Zum Zeitpunkt der Einweihung nimmt der Meister seinen Platz im dritten Auge des Initiierten ein und kümmert sich von da an um ihn. Die angenommenen Sucher, die während der Initiation offen und empfänglich sind, erhalten eine wahrnehmbare innere spirituelle Erfahrung aus erster Hand. (Es gibt einen Unterschied zwischen einer psychischen und einer spirituellen Erfahrung.) Das spirituelle oder dritte Auge wird geöffnet, um das Licht Gottes zu sehen, und das innere Ohr, um die Stimme Gottes zu hören, jenen schöpferischen Ton des Jenseits, der eine wohltuende und heilsame Wirkung hat. Gelegentlich glaubt ein Sucher aus diesem oder jenem Grund, daß er keine Anfangserfahrung hatte. Das kann Folge seiner Aufregung sein und der Unfähigkeit, diese feinere Art von Erfahrung wahrzunehmen, die ihm in Übereinstimmung mit seinem geistigen Hintergrund gewährt wird. Zu gegebener Zeit erhält er jedoch eine größere Erfahrung, die jedes Gefühl der Unsicherheit, sollte sie noch bestehen, beseitigt. Vom Augenblick der Einweihung an führt und schützt die Mei-

PFAD I

sterkraft, sogar nach dem Ende der Welt und im Jenseits.[68]

Die Einführung in die esoterischen Lehren besteht aus der Erläuterung von Simran, Dhyan und Bhajan, d.h. der Wiederholung der mit der Meisterkraft geladenen Worte in Gedanken, der Meditation oder Konzentration an einem Punkt auf der Stirn zwischen und hinter den beiden Augenbrauen, und der Verbindung des Geistes mit dem Rettungsanker im Innern, dem beständigen Tonstrom, der überall erklingt, dem wahren Lebensodem des Universums, dessen lebende Verkörperung der Meister selbst ist. Sobald der Ergebene imstande ist, sich über den physischen Körper zu erheben, erscheint der Meister in seiner strahlenden Form in der feinstofflichen Ebene. Er führt uns dann auf unserer Reise in die höheren Bereiche und bringt uns zurück zu unserer wahren Heimat. Von da an verläßt der innere Meister die Seele nie mehr, sondern hilft und lenkt ständig, sichtbar und unsichtbar, direkt und indirekt, in diesem Leben und im Leben danach, wie es gerade erforderlich ist.[69]

Durch die Einweihung und die spirituellen Übungen wird man sich seiner Fehler bewußt und versucht, sie auszumerzen, und je mehr man sich reinigt, desto mehr wächst man ins göttliche Leben hinein und desto mehr werden die wahren Werte des Lebens sichtbar. Der Geist wird nach und nach von den Fesseln der Welt frei und lernt, sich über den physischen Körper zu erheben und die höheren Ebenen zu betreten. Danach "wandelt er nicht nach dem Fleisch, sondern nach dem Geist". Obwohl er in der Welt lebt, ist er doch nicht länger von der Welt. Er erfreut sich jetzt der Glückseligkeit höherer spiritueller Bereiche, und Sinnesfreuden und weltliche Dinge reizen ihn nicht mehr. Das Geschenk von Naam oder dem Wort kommt nur von einer Meisterseele, die dem Initiierten ihren eigenen Lebensimpuls überträgt und ihn so auf seine geistige Reise vorbereitet.

Das Ausmaß des Fortschritts und die dafür erforderliche Zeit hängen jedoch von der Veranlagung des einzelnen ab, von der Basis, die er sich vielleicht in vergangenen Leben geschaffen hat. Da jeder von uns einen anderen Werdegang besitzt, hat jeder seinen eigenen Ausgangspunkt. Die Saat wird gesät, aber wie sie aufgeht, wie sie wächst und sich entwickelt, hängt von der Natur des Bodens ab, in den sie ausgesät wurde.[70]

Wie bereits gesagt, benötigt jeder einzelne seine Zeit, in der die Pflanze erblühen und die Frucht reifen kann. Die schlummernden göttlichen Fähigkeiten beginnen sich zu regen und der Schüler spürt in sich eine Art von Fülle, von Sättigung, fühlt sich gesegnet. Das ist ein unvergängliches und unzerstörbares Geschenk. Es kann weder weggenommen werden, noch wird es mit der Zeit vergehen. Ist die Saat der Spiritualität einmal in die Tiefen der Seele gesät, muß sie Blüten und Früchte tragen, sobald die Zeit reif ist. Keine Macht der Welt kann ihrem Wachstum im Wege stehen oder es in irgendeiner Weise unterdrücken.

Wer einmal von einem vollendeten Meister eingeweiht wurde, wird mit Sicherheit ein für allemal von der Bindung an Gemüt und der Materie befreit; es ist nur eine Frage der Zeit. Die Saat der Spiritualität, die in ihn gesät wurde, muß sprießen und Frucht tragen. Wenn das innere Leben einmal erwacht ist und spirituelle Erfahrungen gewonnen wurden, muß es sich entfalten, und die Meisterkraft kann nicht ruhen, bis das angenommene Kind großgezogen und ins Haus des Vaters heimgebracht wurde.[71]

Der Mensch hat sich so sehr in das Gemüt und die nach außen gehenden Kräfte verstrickt, daß seine Befreiung daraus nur mit Kampf und Ausdauer möglich sind. Seine mißliche Lage ist in gewisser Weise der eines Vogels ähnlich, der schon viele Jahre in einem Käfig gefangengehalten wird. Selbst wenn man die Käfigtüre öffnet, mag der Vogel nicht hinausfliegen. Stattdessen wird er von einer Seite des Käfigs auf die andere fliegen und sich mit seinen Krallen an das Gitter klammern, wird aber nicht danach verlangen, frei zu sein und durch die offene Tür des Käfigs hinauszufliegen.

Ganz analog ist die Seele so an den Körper und die nach außen gehenden Kräfte gefesselt, daß sie sich an die äußeren Dinge klammert und nicht von ihnen lassen will. Sie hat kein Verlangen danach, durch das Tor zu fliegen, das der Meister bei der heiligen Initiation geöffnet hat und an dessen Schwelle die strahlende Gestalt des Meisters geduldig wartet, um das Schülerkind in Empfang zu nehmen. Wahre Schülerschaft beginnt aber erst, wenn man sich über das Körperbewußtsein erhoben hat.

Von da an beginnt der Schüler nicht nur Trost zu empfinden, sondern er erfährt allmählich die Freude und Glückseligkeit, die ihn im Jenseits erwartet. Die bezaubernde, strahlende Gestalt des Meisters wird sein Begleiter sein. Sie ist immer gegenwärtig und führt ihn, was unbedingt notwendig ist, um die Fallgruben auf dem Weg zu meiden. Bis dahin ist der Schüler gleichsam auf Probe; aber solch eine Bewährungszeit kann nicht wieder abgebrochen werden. Während dieser Probezeit fühlt sich die Seele manchmal unbehaglich. Sie wurde nämlich durch die Sinne so sehr beschmutzt, daß sie ihre ursprüngliche Herzensreinheit verlor und nicht reif ist, aus dem Gefängnis des Körpers herausgehoben zu werden.

Obwohl das Tor geöffnet wurde, ist die Seele so sehr an die Dinge der äußeren Welt gebunden, daß sie dennoch nicht frei sein möchte. Erst wenn sie beginnt, ihre ursprüngliche Reinheit von Herz und Gemüt wiederzuerlangen, wird sie schließlich von den körperlichen Wünschen und äußeren Bindungen frei sein wollen. Der Meister versucht in seiner Liebe, das Schülerkind vor allen möglichen Unannehmlichkeiten zu bewahren und erklärt uns deshalb, welche Untugenden zu vermeiden und welche Tugenden zu entwickeln sind, um diese Reinheit wiederzuerlangen.[72] Unglücklicherweise dringen die Worte des Meisters sehr oft nicht tief ein, und der Schüler tut wenig oder nichts, um seine Lebensweise anzupassen. Dann muß die Meisterkraft härtere Maßnahmen ergreifen, um dem Schüler die Wichtigkeit der Wahrheiten, die ihm verbal erläutert wurden, klarzulegen. Von daher kommt das Unbehagen, das von den Lieben im Alltagsleben oft empfunden wird. Würden sie auf den Meister hören, gäbe es keine Schwierigkeiten oder Beschwerden. Wenn ein Kind sich so schmutzig gemacht hat, daß die Mutter als einzige Möglichkeit, es zu reinigen, nur noch eine Scheuerbürste verwenden kann, ist dann anzunehmen, daß sich das Kind während des Schrubbens wohlfühlen wird? Erst wenn es vorbei ist und das Kind sauber und rein, wird es sich wohlfühlen.

Gottverwirklichte Seelen gibt es immer in der Welt. Aber schon in der Vergangenheit waren es nur wenige, und auch jetzt sind sie sehr selten. Wer gehört nun zu den Bevorzugten, die ihnen begegnen dürfen? Wer ein aufrichtiges Herz hat. Wessen Herz frei ist von Hinterlist, hat nicht nur das Vorrecht, dem Meister, weil Gott es so will, zu begegnen, sondern mit einem reinen Herzen kann er auch den vollen Nutzen aus dieser Begegnung ziehen. Die beste Gemütshaltung ist, aufrichtig, demütig und bescheiden zu dienen. Dann wird der Meister selber kommen. Gott selbst macht die Seele hungrig - und dann füttert er sie. Es ist wirklich nicht nötig, sich um irgend etwas Sorgen zu machen; seid einfach aufrichtig und wahr zu eurem Selbst. Er sandte euch an den richtigen Platz; er ist der Gebende. Das ist eine sehr feinsinnige und anspruchsvolle Angelegenheit; was soll ich dazu noch sagen? Selbst wenn jemand nur äußerlich an den Meister denkt, wird eine gewaltige Änderung eintreten.[73]

Alle Gaben der Natur sind frei. Auch Spiritualität ist eine Gabe Gottes, nicht eine des Menschen. Warum sollte man sie verkaufen? Sie ist keine käufliche Ware. Erkenntnis muß frei gewährt werden. Müssen wir etwa für die Sonne bezahlen, die auf uns alle nieder scheint? Warum sollten wir dann für die Gotterkenntnis bezahlen? Sie ist Gottes Geschenk und muß frei und freizügig verteilt werden. Also wird kein wahrer Meister irgend etwas dafür nehmen. Er gewährt sie frei.[74]

Frage: Bitte erkläre die Bedeutung der Initiation.

Antwort: Die Initiation oder Einweihung durch einen vollkommenen lebenden Meister sichert uns für unbekannte Ebenen das wertvolle Geleit dessen zu, der diese Bereiche selbst oft bereist. Er kennt die herrschenden Gottheiten oder Mächte dieser Ebenen, führt den Schüler Schritt für Schritt, berät ihn bei jeder Wende und Änderung des Pfades, warnt uns vor lauernden Gefahren und erklärt alles genau, was man wissen möchte. Er ist ein Lehrer auf allen Daseinsstufen, ein Meister auf der irdischen Ebene, ein Gurudev in den Astralwelten und ein Satguru in den rein geistigen Bereichen. Wenn jemand in diesem Leben, auf dieser oder jener Stufe versagt, ist des Meisters langer und starker Arm immer da, um ihm zu helfen, sowohl hier als auch beim Verlassen der irdischen Ebene. Er geleitet den Schüler ins Jenseits und ist an seiner Seite, sogar vor dem Richterstuhl Gottes.[75] Der Segen des Meisters ist so groß, daß ein Schülerkind, wie unfolgsam es auch sein mag, nie mehr wieder unter die Herrschaft von Yam Raj, dem Todesengel, kommt. Welch ein Zugeständnis! Wenn die Seele Erkenntnis erlangt, werden die Aufzeichnungen von Dharam Raj, dem Herrn des Todes, verbrannt. Die Aufzeichnungen der Vergangenheit des einzelnen werden von der bindenden Kraft in die Hände der erlösenden Kraft, d.h. in die des Meisters, übergeben.[76]

Frage: Wenn man fühlt, daß es der innere Meister ist, der führt oder lenkt, ist das dann die Einweihung, die innere Einweihung? Sollte man dann nach der äußeren Einweihung trachten, oder sollte man den Satguru suchen?

Antwort: Die Einweihung durch einen lebenden Meister auf Erden ist erforderlich. Selbst jene, die von anderen geführt werden, sind in verschiedenen Fällen um des weiteren Fortschritts willen zurückgesandt worden. Christus und andere Heilige wurden, als man sie innen traf, gefragt: "Was sollen wir weiter tun?" Und sie verwiesen auf den kompetenten Meister auf Erden. Fragt sie, ob sie euch weiterhin führen können, und ich denke, sie werden euch denselben Rat geben. Das geschah schon in so vielen Fällen, denn schließlich gibt es dafür so etwas wie ein Gesetz und es läuft nicht einfach willkürlich ab.[77]

Alle, die von einem lebenden Meister in die Geheimnisse des Jenseits eingeweiht werden, waren bereits dazu bestimmt, seine Schüler zu werden. Es hängt nicht davon ab, ob man den Pfad wählt oder der Pfad den Schüler, sondern es ist eher eine Frage, welchen Hintergrund der einzelne hat.[78]

PFAD I

In der Vergangenheit war dieser Prozeß sehr ungewiß, denn die Meister waren erst dann bereit, eine Erfahrung zu geben, wenn man nach langjähriger Bemühung völlig vorbereitet war. Heute kann man sofort erkennen, was Spiritualität ist. Welch großartiger Segen![79]

7
Meditation: Alles ist innen

Gott findet man nicht in Büchern, weil in ihnen nur Erklärungen über Ihn stehen. Er ist auch nicht in steinernen Tempeln zu finden, die von Menschenhand gebaut wurden. In diesen kommen wir nur zusammen, um zu Gott zu beten oder Ihm für all das zu danken, was er uns gegeben hat. Er wohnt in euch. Der Körper ist der wahre Tempel Gottes. Wenn ihr das verstanden habt, wo sucht ihr Ihn dann wohl? Zuerst in euch selbst.[80] Zieht euch von außen zurück, vom Gemüt und den nach außen gehenden Kräften und erhebt euch zum Sitz der Seele hinter den Augen. Wenn ihr erst in der Lage seid, euch über das Körperbewußtsein zu erheben, dann tretet ihr in ein Bewußtsein höherer Ordnung ein, das außerhalb der Reichweite aller Philosophie und Psychologie liegt. Ihr seid dann nämlich auf dem Weg zur grundlosen Ursache, der Mutter aller Ursachen. Wenn ihr das kennt, wird auch alles andere von selbst bekannt, wie aus einem offenen Buch. Das ist dann die Religion der Seele, die dort beginnt, wo alle religiösen Philosophien und Meinungsverschiedenheiten enden. Hier fällt alles Denken, Planen, Vorstellen und Phantasieren, das ihr in euren Tagebüchern erwähnt, wie Herbstlaub ab.[81] Der einzige Zweck dieses Lebens ist, still zu werden, sich von der äußeren Umgebung zurückzuziehen und sich zu konzentrieren. Ihr habt große Kraft in euch, ihr seid Kinder eines Löwen.[82]

8
Satsang: In seiner Gegenwart sein

Es ist eine besondere Gnade, in Seinem Namen zusammenzukommen, um Seine Barmherzigkeit anzurufen und die heiligen Lehren in sich aufzunehmen.[83] Satsang ist der Kern der heiligen Lehren, und ich schärfe den Lieben hier und im Ausland immer ein, ihn nicht zu versäumen. Denn während dieser kostbaren Augenblicke ist man der Quelle der Glückseligkeit und Unsterblichkeit nahe, kann die wahre Bedeutung der Lehren verstehen und sich die seltenen Tugenden der Frömmigkeit aneignen, wenn man in der kraftgeladenen Atmosphäre sitzt, die vom liebevollen Lebensimpuls des Meisters erfüllt ist. Satsang ist die heilige Arena, in der standhafte Fackelträger geistigen Wissens herangebildet werden. Er ist der See jenes Nektars, der glückselige Gottesberauschung gewährt, und alle Unterschiede von Rang, Glaubensbekenntnis oder Landeszugehörigkeit verlieren ihre Bedeutung.[84] So solltet ihr, wenn ihr zum Satsang kommt, die Liebe Gottes in euch einströmen lassen, liebevoll an Ihn denken und euch mit Ihm vereinen. Mit allen vergangenen und zukünftigen, mit allen unwesentlichen Angelegenheiten könnt ihr euch zu Hause befassen. Kommt, aber kommt mit den allerbesten Absichten. Bringt die Erinnerung an Gott mit euch und nehmt sie mit euch, wenn ihr wieder geht. Hört nicht auf die Gespräche anderer und sprecht mit keinem, es sei denn über die Wahrheit. Dadurch wird euch der Satsang allen Segen bringen, andernfalls werden die Jahre ohne rechten Fortschritt verstreichen.[85] Selbst wenn ihr nicht versteht, was gesagt wird, wird es euch dennoch nützen, wenn ihr aufmerksam seid. Sind eure Gedanken irgendwo anders, werdet nicht nur ihr um etwas kommen, sondern auch andere werden von der unreinen Ausstrahlung, die ihr schafft, beeinträchtigt werden; denn Gedanken sind lebendig und besitzen große Macht. Betrachtet den Satsang als eine Stätte der Reinheit; sprecht oder denkt über nichts anderes als nur über Gott, und alle, die kommen, werden von der erhebenden Ausstrahlung gesegnet. Wir gehen nicht zum Satsang, um unsere Freunde zu treffen oder um der Geselligkeit willen.[86]

Der Satsang ist sozusagen ein Heiligtum. Was bedeutet "Heiligtum?" - eine Stätte der Heiligkeit. Und er sollte auch ein Ort der Heiligkeit bleiben, nicht einer des Frohsinns und der Lustbarkeit. Besteht darauf, daß alle, die kommen, mit Hingabe und in der rechten Haltung kommen. Macht den Satsang nicht zu einem Ort der Geselligkeit und Unterhaltung. Liebe ist stark. Wenn ihr eintretet, dann tretet im Gehorsam dem Meister gegenüber ein. Was wird dann geschehen? Die Atmosphäre wird kraftgeladen. Immer wenn ihr eintretet, solltet ihr ein ruhiges Gemüt haben, sonst wird sich die Atmosphäre nicht aufladen. Dieser Ort sollte, wie ich euch schon sagte, eine Stätte sein, an der meditiert und nicht geschlafen werden sollte. Auch keine Geselligkeit oder Unterhaltung, denkt daran. Kommt in Ehrfurcht und Reinheit. Wenn ihr das beachtet, wird der Ort in ein oder zwei Monaten kraftgeladen sein.[87]

Der leichteste, kürzeste und einfachste Weg, um größeren Erfolg zu erlangen, ist, euch vollkommen in die heilige Gegenwart eines vollendeten Meisters zu verlieren. Das ist die wirkliche Bedeutung des Satsangs. Soamiji sagt: "O Seele, vertiefe dich vollkommen in den Satsang - wenigstens heute."

Was heißt nun vollständig oder vollkommen versunken sein? Es bedeutet, daß ihr in der Gemeinschaft eines Heiligen nicht nur den Ort, an dem ihr sitzt, vergessen solltet, sondern auch die ganze Umgebung nicht mehr wahrnehmen und euer innerstes Sein ausschalten solltet - bis auf die heilige Gegenwart des Meisters. Dieses "leer machen" des Selbstes nennt man Versunkenheit. Je mehr jemand seine Weltlichkeit und Begrenztheit vergessen kann, desto mehr wird er mit der göttlichen Gnade aus der göttlichen Gegenwart vor ihm erfüllt werden. Das ist das Geheimnis eines erfolgreichen Satsangs. Leider muß ich sagen, daß es sehr selten ist, einen Satsang oder die Gemeinschaft mit einem wahrhaft vollkommenen Meister zu erhalten, denn solche hoch entwickelten Seelen, die mit dem Herrn eins sind, sind in der Tat sehr selten. Sie sind nicht so leicht zu finden und zu erkennen, und wenn wir durch sehr großes Glück einem vollendeten Meister begegnen, wissen wir nicht einmal, wie wir die Gemeinschaft mit ihm oder den Satsang richtig nützen können. Um das Beste aus einer solchen Gelegenheit zu machen und sie am besten zu nutzen, sollte man versuchen, sobald wie möglich zum Ort des Satsangs zu kommen und in andächtiger Stimmung still zu sitzen, das Gemüt in der erhabenen Gegenwart des Meisters von allen weltlichen Gedanken zu leeren und im Innern seine Worte der Weisheit aufzunehmen. Wenn wir in der Nähe eines Feuers die Wärme verspüren und ein Eisberg uns vor Kälte zittern läßt, gibt es keinen Grund, warum wir nicht von der göttlichen Aura eines Meister-Heiligen, dessen Ausstrahlung eine unvorstellbare Reichweite hat, beeinflußt werden sollten.[88]

Im Satsang könnt ihr mit Kraft aufgeladen werden, müßt aber mit ihr verbunden sein; es reicht nicht aus, nur dort zu sitzen. Außerdem sollte eure Aufmerksamkeit nur auf den Meister ausgerichtet sein; und auch wenn ihr Tausende von Kilometern von ihm entfernt seid, könnt ihr euch dennoch des Satsangs erfreuen. Natürlich ist der Segen größer, wenn ihr in seiner körperlichen Nähe voll aufmerksam seid, denn dann werdet ihr direkt mit der Kraft aufgeladen, aber ganz gleich, wo ihr euch befindet, ihr werdet Hilfe bekommen, wenn ihr empfänglich seid. Einige fragen, was die tatsächliche Auswirkung des Satsangs ist? Wenn ihr ein wildes Pferd an einen Pfahl bindet, so wird es natürlich weglaufen, aber nur so weit das Seil reicht, dann wird es mit einem Ruck zum Stehen kommen. Es wird mehrere Male versuchen auszureißen, aber immer vom Strick zurückgehalten werden.

PFAD I

Der Satsang hat eine ähnliche Wirkung auf das Gemüt, und nach einigen Versuchen wird die Neigung wegzulaufen geringer, bis es schließlich lernt, sich zu beruhigen. Der Satsang reinigt den Besucher, wenn dieser empfänglich ist, auch von den schlechten Gerüchen, die von den Gewohnheiten Lust, Ärger, Gier usw. herrühren. Er wird zu einem anderen Menschen gemacht.[89] Im Satsang ergießt sich die Gnade in euch, darum nehmt so viel wie möglich auf. Merzt all eure Unvollkommenheiten aus, eine nach der anderen. Zu diesem Zweck sage ich euch, daß ihr das Tagebuch führen sollt. Wenn der Boden gejätet ist, ist er für die Saat bereit und das wahre Wachstum kann beginnen. Wenn aber Kieselsteine und Felsbrocken nicht entfernt werden, mag die Saat zwar sprießen, wird aber keine Frucht tragen.[90]

Wenn ihr zu einer verwirklichten Seele geht, um rechtes Verstehen zu erhalten, dann geht in aller Demut und laßt eure Meinungen weg. Was ihr wißt, das wißt ihr. Während ihr beim Meister seid, versucht zu verstehen, was er sagt. Denkt über die Stufe nach, von der aus er spricht, und dann vergleicht mit eurem eigenen Wissen. Gewöhnlich zögern viele, zu ihm zu gehen, weil sie auf ihr eigenes Wissen stolz sind. Jemand, der eine hohe weltliche Stellung innehat, wird nicht hingehen, denn er ist berauscht von seiner eigenen Macht; und ein reicher Mensch wird nicht hingehen, weil er sich in den Stolz über seinen Reichtum verloren hat. Denkt daran, ein gottverwirklichter Mensch kann weder mit Geld gekauft, noch durch Macht beeindruckt, noch mit Gewalt gezwungen werden. Wenn ihr zu ihm geht, legt eure eigenen Vorstellungen beiseite - schließlich kann sie euch niemand wegnehmen! Wir machen den Fehler, daß wir das, was er uns zu sagen versucht, an dem messen, was wir bereits wissen: "Wir haben schon davon gehört", "dieser oder jener hat das gesagt", usw. Brüder, er wird vieles sagen und noch mehr, denn er muß zum besseren Verständnis auf unserer Ebene sprechen und wird viele Wahrheiten zitieren, die andere bereits gesagt haben, damit der Suchende leichter seinen Weg findet. Aber die Tatsache bleibt: Wenn der Sucher etwas erhalten möchte, muß er seinen

PFAD I

Verstand für eine Weile stillhalten und in aller Bescheidenheit zuhören.[91]

Ich bin glücklich, daß ihr den Wert der Satsang-Treffen mehr schätzt. Sie sind immer anregend, hilfreich und wohltuend, da des Meisters Liebe und Gnade darin im Überfluß ausstrahlt, und alle Anwesenden erhalten einen Lebensimpuls von der über allem wirkenden Meisterkraft. In Gruppentreffen nimmt die ganze Versammlung die überfließende Gnade des Meisters auf, und gelegentlich erlebt die Zuhörerschaft die strahlende Gegenwart des Meisters. Solche Treffen sind von tiefer Bedeutung, da sie die Besucher anregen, und sie sollten deshalb in aller Liebe und Bescheidenheit abgehalten werden.[92]

Satsang ist der Name, den wir der Gemeinschaft mit einer erwachten Seele geben. Ein vollendeter Meister veranlaßt Satsang.[93] Wohin würdet ihr gehen, um Gott zu erkennen? In einen Satsang, in dem der Lehrer, Sant oder Meister selbst die Wahrheit erkannt hat und in der Lage ist, diese Weisheit den Anwesenden mitzuteilen. Satsang ist tatsächlich das Heilmittel für Leid und Schmerz, die davon herrühren, daß wir die Wahrheit mißachten, und die die Ursache dafür sind, daß wir nach einer Antwort suchen auf die Frage: "Gibt es einen Gott, und wie kann man Ihn erkennen?"[94] Hazur Baba Sawan Singh *) sagte immer, daß der Satsang als schützende Hülle um das Feld von Simran und Bhajan **) äußerst nützlich sei und dem Zweck diene, daß sich die lebensnotwendigen und lebensspendenden Prozesse weiter entwickeln und gedeihen können, trotz des andererseits geschäftigen Lebens in Familie, Gesellschaft, Freizeit und Beruf.[95]

Das erste, was die bindende Kraft tut, wenn sie die Herrschaft über eine Seele behalten möchte, ist, daß sie diese daran hindert, Bhajan und Simran zu üben. Der Schüler stellt fest, daß es immer etwas gibt, was ihn von seiner Meditation weglockt. Das ist das erste, zum zweiten läßt die bindende Kraft die Frage ins Gemüt

---

*) *Hazur Baba Sawan Sing h* Meister von Sant Kirpal Singh, 1858-1948
**) *Simran und Bhajan* Seh- und Hör-Meditation

einschleichen: "Warum soll ich zum Meister oder zum Satsang gehen? Was habe ich davon?" Gerade der Satsang ist der Ort, an dem wir einen Wendepunkt erreichen und falsches Handeln sowie falsche Lebensweise erkennen können. Deshalb wird sie versuchen, uns zu überreden, nicht dorthin zu gehen. Habt ihr die Kraft, das nicht zu beachten, dann wird sie euch nahelegen, einfach hinzugehen, alle zu grüßen und dann wieder zu gehen. Sie wird alle möglichen Zweifel ins Gemüt bringen, und anstatt den Satsang optimal zu nutzen, kehrt der Schüler heim, ist unzufrieden oder leidet unter den schlechten Auswirkungen des Geschwätzes und der üblen Reden anderer unsicherer Satsangbesucher. Dies sind zwei sehr mächtige Waffen, die die bindende Kraft ständig einsetzt.[96]

Die Gewohnheit, den Satsang immer zu besuchen, können wir dann entwickeln, wenn wir regelmäßig gehen, um den Meister und seine Gespräche voll göttlicher Erkenntnis zu erleben. Es ist oft so, daß Schüler mit geringem spirituellen Hintergrund gut vorankommen, wenn sie die Ausstrahlung der Meisterkraft in der von ihm erfüllten Atmosphäre nutzen.[97] O Brüder, geht regelmäßig zum Satsang und all eure Fehler werden zurechtgerückt werden. Selbst euer äußeres Leben wird erfolgreich sein.[98] Wenn ihr im Satsang seid, ist sogar der physische Körper gesegnet.[99] Der Satsang dient als schützende Hecke um die heilige Saat der Spiritualität. Den Satsang zu versäumen, um stattdessen der Meditation Zeit zu widmen, ist nicht ratsam.[100]

Frage: Würdest Du darüber sprechen, was mit kleinen Kindern bei Satsangs und Meditationstreffen geschehen soll?

Meister: Ich denke, dafür könnt ihr jemanden einteilen, der mit zwei oder drei kleinen Kindern draußen bleiben kann. Er sollte seine Zeit für das Wohl der anderen opfern, oder die Mütter selbst sollten ihre Kinder in Ruhe halten; eins von beiden.[101]

Der Satsang kommt vom Meister, und jeder Initiierte ist ein Teil des Satsangs und kann zur allgemeinen Atmosphäre im Satsang beitragen, indem er durch ein den Meisterlehren entsprechendes Leben mit gutem Beispiel vorangeht. Christus sagte:

PFAD I

"Laßt meine Worte in euch wohnen, so wie ihr in mir wohnt." Die Worte des Meisters sind der Meister, und der Meister kann nicht von seinen Worten getrennt werden.[102] Die Wichtigkeit, Satsangs oder spirituelle Treffen zu besuchen, kann nicht genug betont werden.[103] Durch den Satsangbesuch habt ihr eine schützende Hecke um eure Meditation, und auch der Anreiz zu meditieren, wird stärker werden. Besucht den Satsang, selbst wenn eure Zeit begrenzt ist. Streicht, wenn notwendig, eine andere Verabredung, um hingehen zu können, denn die Vorteile des Satsangs sind unschätzbar. Besucht den Satsang, damit ihr den Vorteil einer schützenden Hecke um eure Meditationen habt. Einmal fragte ich Hazur: "Was sind deine Anweisungen im Hinblick auf den Satsang?" Er antwortete: "Wenn du sehr krank im Bett liegst, aber dich bewegen kannst, dann geh' zum Satsang." Beachtet, daß er nicht etwa sagte: "Wenn du die Kraft hast zu gehen, dann geh' zum Satsang." Schon aus diesem einen Beispiel könnt ihr sehen, wie wichtig der Satsang ist.[103] Laßt Hunderte von wichtigen Arbeiten liegen, um zum Satsang zu gehen.[104]

9

Das Gebet: Unser Gespräch mit Gott

Das Gebet ist der Hauptschlüssel, der das Himmelreich öffnet. Gebet kann beschrieben werden als qualvoller Schrei der Seele in Not oder Hilflosigkeit um Erleichterung und Trost, ein Schrei, an eine Macht gerichtet, vollkommener und größer als die Seele. Das Gebet ist, im gebräuchlichen und allgemein anerkannten Sinn, eine Anrufung Gottes oder des lebenden Meisters, der in der Lage ist, einem Gemüt, das von den Schwierigkeiten des Lebens und der Lebensumstände gepeinigt wird, Trost und Frieden zu geben.[105]

Die Fähigkeit zu lieben ist uns angeboren; wir können jedoch nicht lieben, wenn wir den Geliebten nicht sehen. Solange wir Gott oder die Herrlichkeit Gottes nicht sehen, können wir nicht glauben, daß es Ihn gibt, und ohne Glauben sind alle Gebete umsonst. Der vollendete Meister jedoch ist die Wohnstatt und der strahlende Mittelpunkt göttlichen Lichts. Und da er mit Gott eins ist, können wir genauso wirkungsvoll zu ihm beten. Da er mit dem Kraftwerk hinter sich verbunden ist, ist er genauso in der Lage, unsere Sehnsüchte und Wünsche zu erfüllen.[106] Wir müssen uns im Gebet an Gott oder einen vollkommenen Meister wenden, und nachdem wir in der Lage sind, uns mit ihm zu vereinen, sollten wir uns auf ihn allein verlassen und auf keine andere Macht. Denn nur er ist imstande, uns aus dem mächtigen Strudel und den wirbelnden Tiefen des Gemüts und der Materie herauszuziehen und den verwundeten Herzen, die von leidenschaftlichen Begierden und Versuchungen zerrissen sind, heilenden Balsam aufzulegen. Er ist die Stärke des Schwachen, der Notanker in den Stürmen des Lebens und eine sichere Zuflucht für den Heimatlosen. Sein gnadenvoller Blick tröstet die gebrochenen Herzen.[107]

Alle Religionslehren stimmen in dem Punkt überein, daß ein Gebet am Sitz der Seele all die im Innern schlummernden göttlichen Kräfte hervorströmen läßt, und man dadurch spirituelle Glückseligkeit erreichen kann. Es ist ein Verbindungsglied zwischen dem Schöpfer und seiner Schöpfung, zwischen Gott und Mensch. Es ist ein Stützpfeiler in den Händen eines Gottsuchers, und eine Pilgerseele kommt vom Anfang bis zum Ende der Reise ohne Gebet nicht aus, denn es bewahrt auch vor mancher Fallgrube auf dem Weg und wandelt das Gemüt vollständig um, bis es zu strahlen und das Licht der Seele widerzuspiegeln beginnt.[108] Üblicherweise beten wir, wenn wir in Not und Bedrängnis sind, aber wenn das zu Ende ist, glauben wir, daß wir uns durch unsere eigenen Anstrengungen davon befreit haben und sehen weiterhin keine Notwendigkeit für ein Gebet. Vor solchen schwerwiegenden Irrtümern müssen wir uns hüten. Das Gebet ist in Wirklichkeit bei jedem Schritt notwendig. Wenn wir in Schwierigkeiten sind, müssen wir beten, um wieder herauszukommen. Und in Notzeiten, wenn alles andere fehlschlägt, spendet uns der Gedanke an den allmächtigen Vater Trost. Wenn Erfolg in Sicht ist, dann betet, daß ihr nicht stolz und überheblich werdet, bittet um Gottes Gnade und Großmut, denn ohne diese können wir niemals erfolgreich sein. Nachdem unsere Wünsche erfüllt oder wir aus Schwierigkeiten befreit wurden, müssen wir dem Allmächtigen für seine Gunst danken. Wenn Gott der liebende Vater ist und wir schließlich ohne ihn nichts tun können, dann muß das Gebet ein Teil unseres Charakters werden.[109]

Wie viele Menschen in der Welt beten wirklich zu Gott um seiner selbst willen? Die Sikhs haben folgendes Gebet:

Beim Gurmukh zu sein, mit einem Sadhu zusammen zu sein, von Naam berauscht zu sein, das ist die wahre Hinwendung, durch die Dein Name ständig im Herzen klingt.

Sie beten auch:
Nanaks Diener möchte nur diese eine Freude:
Gib mir die Gemeinschaft mit einem Sant.
Inmitten der sich ständig verändernden Erscheinungen der Welt gibt es nur eine unveränderliche Größe, und das ist Gott und seine Schöpferkraft, oder Heiliger Geist, Kalma, Naam, Wort, die für die Schaffung, Erhaltung und Auflösung zahlloser Universen verantwortlich ist. Warum sollten wir uns dann nicht nach dieser unvergänglichen Lebenskraft sehnen, darum bitten und beten, so daß auch wir "ewiges Leben" erlangen und zu unserem ewigen Erbe kommen, der ewigen Gottheit, die unser Geburtsrecht ist? Unsere ursprüngliche Heimat ist Sach Khand. Zeitalter um Zeitalter sind vergangen, seit wir uns vom Vater getrennt haben, und noch immer leben wir in der Verbannung in dieser Welt.

Da wir seit Myriaden von Zeitaltern von ihm getrennt sind, müssen wir uns nach einer Wiedervereinigung mit dem Geliebten sehnen.[110] Letztendlich öffnet das Gebet unsere Augen für die Wirklichkeit und gibt uns die Möglichkeit, die Wahrheit zu erkennen. Es gibt dem Leben neue Werte, bringt den Menschen allmählich in eine neue Welt und enthüllt ihm eine neue Ordnung.[111] Mit einem Leben im Gebet erhebt sich der Mensch allmählich in kosmisches Bewußtsein und sieht die verborgene Hand Gottes, erkennt Seinen Willen und Seine Absichten, was andernfalls ein Buch mit sieben Siegeln bliebe, zu schwierig für den Durchschnittsmenschen, um es zu öffnen und einen Blick hineinzuwerfen. Je mehr diese innere Verbindung gefestigt wird, desto mehr Göttlichkeit nimmt der Geist auf. Und nur wenn man mit Ihm vollkommen eins ist, wird man Sein bewußter Mitarbeiter.[112]

Wir können Gott nicht durch Schmeicheleien oder leere Wiederholungen gewinnen, noch hat er Gewinn oder Verlust dadurch, daß wir beten oder nicht. Da er voll Erbarmen ist, wirkt seine Gnade immer, in allen gleichermaßen, denn ohne diese Gnade könnten wir nicht bestehen. Wir können sie jedoch zu unserer Hilfe heranziehen, wenn wir zu einem aufnahmebereiten Gefäß für sie werden. Bescheidenheit und Glaube reinigen das Gemüt und machen es zu einem brauchbaren Werkzeug für Gottes Gnade. Beides sind Hilfen, um das Gemüt nach innen zu ziehen, das gegenwärtig nur auf die Sinne ausgerichtet ist. Solange wir nicht imstande sind, es nach oben zu wenden, kann Gottes Gnade nicht hineinströmen. Demütige und aufrichtige Gebete helfen, zwischen dem Gemüt des Menschen und Gottes Gnade einen Gleichklang herzustellen. Alles, was wir brauchen, ist ein liebendes, reines Herz, das auf Seine Gnade abgestimmt ist, und diese wird dann von selbst angezogen. Das Gebet hat große dynamische Kraft in sich. Es stärkt den Menschen und bereitet ihn vor, den Kampf des Lebens aufzunehmen und ihn mutig und erfolgreich zu bestehen. Es ist tatsächlich das einzige Heilmittel gegen alle Arten von Krankheiten. Es ist der Schlüssel, der das Himmelreich öffnet.[113] Das Gebet muß aus der Tiefe der Seele kommen. Es sollte keine sinnlose Wiederholung leerer Phrasen ohne viel Bedeutung sein. Das, worum wir beten, müssen wir wirklich wollen und nicht nur mit dem Verstand, sondern aus der tiefsten Tiefe unseres Wesens. Es muß die Seele bis in ihre Tiefen aufwühlen, und der Klang des Gebets sollte aus dem Innersten hervorbrechen und in jedem Nerv, in jeder Faser des ganzen Körpers erklingen und uns alles andere vergessen machen, außer der lieblichen Musik der Seele.[114]

Das Geheimnis eines erfolgreichen Gebets liegt nicht so sehr in den Worten, die wir benutzen, noch in der Zeit, die wir dafür aufbringen, noch in der Mühe, die wir aufwenden, sondern in der vollständig gesammelten Aufmerksamkeit, die wir ihm am Sitz der Seele zuwenden, um es mit Seelenkraft zu erfüllen. Die allernatürlichste Form eines fruchtbaren Gebetes ist das Sehnen einer Seele ohne die Zuhilfenahme von Worten, weder laut, noch mental, also mit der Zunge der Gedanken, gesprochen. Ein solches Gebet erzeugt und setzt eine Fülle göttlicher Kraft frei, daß all die kosmischen Kräfte angezogen werden und sich zusammenschließen, um alles so gut wie möglich zu arrangieren. Wahres Gebet ist ein ununterbrochener Vorgang, unabhängig von Form, Zeit und Raum und führt schließlich zu vollkommenem Gleichmut und völliger Wunschlosigkeit. Das ist der Höhepunkt eines echten Gebetes. Und hier hört das Gebet auf, ein Gebet zu sein, und wird zum Seinszustand, da man sich allmählich zuerst ins kosmische und dann ins überkosmische Bewußtsein erhebt und den göttlichen Willen klar erkennt. Das ist das ein und alles des Gebets.[115] Wo alle menschlichen Anstrengungen versagen, hat das Gebet Erfolg.[116]

PFAD I

10
Unsere Pflicht und Verantwortung nach der Initiation

Der Meister hat seine Arbeit zu tun und die Schüler ihre, nämlich die, mit vollem Vertrauen voranzuschreiten. Es gibt zu viele Schüler, die sich auf angenehmen Vorstellungen ausruhen, und zu wenige, die wirklich etwas tun. Die Meditation sollte nicht nur aus angenehmen Gefühlen bestehen. Die Initiierten sollten alles dem Meister überlassen und gewillt sein, sich über das Körperbewußtsein zu erheben und ihr Leben Gott zu weihen. "Lernt zu sterben, damit ihr zu leben beginnt." Der Meister weiß, wie er sich am besten darum kümmert. Unsere Aufgabe ist es, in der lebendigen Gegenwart Gutes zu tun, wie es der Meister von uns verlangt. Wenn wir nach seinen Geboten leben, wird er uns bis ans Ende der Welt niemals verlassen. Wir aber glauben, nach der Einweihung von allen Verpflichtungen frei zu sein und daß es uns freisteht, das zu tun, was wir möchten, indem wir einfach auf seine Gnade setzen. Diese Einstellung ist ein großes Hindernis auf dem Pfad und verzögert jeden wahren Fortschritt. Es zahlt sich nicht im mindesten aus, unsere Augen vor der harten Wirklichkeit unserer Lage selbstgefällig und absichtlich zu verschließen, da wir alle nicht nur Rechte, sondern auch Pflichten haben. Wir können nicht nur das tun, was wir gerne möchten. Wir müssen uns deshalb vor einer solch hinderlichen Einstellung hüten und unseren Weg selbst erarbeiten, denn es gibt keine Abkürzung in der Wissenschaft der Seele. Für die Seele ein langer und arbeitsreicher Vorgang der Entfaltung, und wir müssen, wenn es uns mit unserer Suche nach der Wahrheit ernst ist, notwendigerweise bei jedem Schritt auf die höheren Werte des Lebens achten. Es ist ein steiler Pfad, und wenn wir ihn gehen wollen ohne zu stolpern, müssen wir ihn beschreiten und dabei unser Herz unentwegt auf das Ziel und die nächsten Schritte vor uns richten, denn wir haben keine Zeit, zurückzuschauen, und das könnte uns nur erschrecken. Unwissenheit ist die einzige Krankheit, an der die Seele leidet. Sie kann nur durch Erkenntnis geheilt werden, und erkennen kann man nur durch die Seele, und zwar völlig ohne die Sinne, obwohl man auf der irdischen Ebene ohne die Hilfe der Sinne nichts tun kann. Wahre Erkenntnis dämmert nur auf der Ebene, die jenseits aller Gedanken liegt, und wo Sinne nichts mehr nützen. Aber bis diese Stufe der unmittelbaren Vereinigung mit der strahlenden Gestalt des Meisters erreicht ist, muß man bei allem vorsichtig sein, denn der Pfad ist glatt und voller versteckter Fallen, in die der unachtsame Pilger jeden Augenblick tappen kann. Gleiten wir auch nur einmal aus, ist die goldene Gelegenheit verloren und wir wissen nicht, wann wir wieder eine Geburt als Mensch erhalten. Wenn wir schon z.B. die vegetarische Kost und das Karma für so wichtig halten, dann sollten wir es noch für viel wichtiger halten, uns nach innen zu wenden und sich von den Sinnen zurückzuziehen, und wir sollten dafür genügend Zeit einsetzen.[117] Denkt an das Gleichnis vom Sämann, von dem Jesus Christus sprach. Die Saat wurde gesät. Einige Körner fielen auf den Weg, einige in dornige Hecken, einige auf Felsen und einige fielen auf Steine, wo sich wenig oder gar keine Erde befand. Die Saat, die auf den harten, offenen Boden oder auf den Weg fiel, fraßen die Spatzen. Die Samen, die auf die Felsen geworfen wurden, wuchsen zwar, aber es gab keinen tiefen Boden, und so hörte das Wachstum nach und nach auf. Natürlich wird die Saat, die in die dornigen Hecken fiel, zu wachsen beginnen, doch kann sie sich nicht voll entfalten, ihr Wachstum verzögert sich. Aber jeder Same, der auf gut bestelltes Land fällt, wird prächtig gedeihen. Wenn ihr dort ein Samenkorn hineinlegt, wird es euch Hunderte von Körnern seiner Art bringen. Steckt ihr z.B. einen Mangokern in den Boden, so wird er einen Baum hervorbringen, der Hunderte von Mangos trägt. So gibt es Überfluß in der Natur. Was zeigt dieses Gleichnis? Die "Saat" ist die Verbindung mit dem Licht- und Tonstrom, dem Ausdruck des göttlichen Wortes oder Naam, in den Herzen der Initiierten. Bei jenen, die Naam einfach nur annehmen, wird es von den bindenden Kräften aufgebraucht, denn sie setzen niemals Zeit dafür ein, obwohl ihnen die "Saat" gegeben wurde. Der Same wurde in sie gesät, aber da sie der Pflege keine Zeit widmen und sich nicht darum kümmern, geht die Saat nach der Einweihung wieder verloren. Was nun diejenige Saat betrifft, die auf Felsen oder auf eine dünne Schicht Boden fiel, so sollte diese nach der Initiation durch den Satsang genährt werden, denn wenn dies nicht der Fall ist, dann vergeht sie, und sie wächst auch nicht. Diese Initiierten kommen ein paar Mal und dann lassen sie es wieder. Deshalb sage ich immer: "Laßt Hunderte dringender Arbeiten liegen, um den Satsang zu besuchen."

Jene "Saatkörner", die in die dornigen Hecken fielen, werden dort nicht wachsen, sie werden behindert durch die Gedanken, die uns ablenken und auch durch andere Hindernisse. Dies entspricht jenen, die zu viele Eisen im Feuer haben. Sie haben keine Zeit, sich diesen Dingen zu widmen; d.h. sie behaupten, keine Zeit zu haben. Solche Menschen können sich auch nicht weiterentwickeln. Nur diejenigen Samen, die auf gut bereitetes Land fielen, tragen Frucht im Überfluß. Ihr werdet erkennen, daß der Sinn, das Tagebuch zu führen, wie ich es euch immer wieder ans Herz lege, darin besteht, alle eure Unvollkommenheiten vom Grunde des Herzens auszurotten. Wer das Tagebuch regelmäßig führt, macht natürlich Fortschritte. Wenn er nicht vorankommt, ist irgend etwas anderes falsch, das sich klärt, wenn er dieses Gleichnis von Jesus betrachtet.[118]

Spiritualität ist das höchste Ziel im Leben und gleichzeitig das schwierigste. Nur wer wirklich auf der Suche nach der Wahrheit ist, sollte es wagen, diesen Pfad zu betreten.[119] Der Meister vereinigt uns in einer wahren Bindung, die niemals gelöst werden kann. Es ist eine Verbindung mit Gott selbst, der sich in menschlicher Gestalt offenbart. Es ist eine Beziehung, die niemals aufgelöst werden kann, nicht einmal nach dem Tod, schon gar nicht im gegenwärtigen Leben. Wir aber, mit unserem geringen Verständnis, behaupten uns mit Stolz, Ego und niederen Gewohnheiten und möchten anerkannt werden. Die Folge ist, daß es uns nur gelingt, mehr Leid auf unser Haupt zu laden. Welchen Sinn hatte es, den Satsang schon so lange zu besuchen, wenn ihr nicht bereit seid, eure unerwünschten Gewohnheiten zu ändern? Trockenes Land kann wieder grün werden, wenn man ihm Wasser gibt, aber was nützt bewässertes Land, das doch unfruchtbar bleibt? Euer Satsangbesuch wurde zur rein mechanischen Angelegenheit. Ihr aber könnt durch Gleichgültigkeit keine Erlösung erlangen, wahrhaftig nicht.[120]

Wenn ihr wüßtet, daß irgendwo ein Schatz versteckt ist, würdet ihr ihn nicht ausgraben wollen? Wenn ein Dieb zu einem unbewachten Haus käme, wo keiner sehen könnte, was er tut, glaubt ihr, daß er in dieser Nacht schlafen würde? So viele sagen, daß Gott in uns ist, und dennoch schlafen sie, ohne sich darum zu kümmern. Warum graben sie die Wahrheit nicht aus? Selbst wenn wir jemandem begegnen, der uns helfen könnte, diese Wahrheit ans Licht zu bringen, und wir auch etwas Verständnis vermittelt bekämen, sogar dann haben wir keine Lust zum Graben. Wie unglückselig ist ein solcher Mensch dran. Wie kann man so einen Unglücklichen nur bezeichnen? Wenn er sich dieser Sache nicht bewußt wäre, dann wäre das etwas anderes. Wenn uns aber jemand ein wenig von dem inneren Schatz gezeigt hat und wir uns dennoch nicht darum kümmern, was kann man da noch machen? Die übliche Entschuldigung lautet: "Ich habe keine Zeit", ist es nicht so? Soll denn ein anderer den Schatz für euch ausgraben?[121]

Wenn jemand Gottes Gnade erhalten hat und des Meisters Barmherzigkeit mit ihm ist, warum zeigt sich das nicht weiterhin? Viele sind dadurch verwirrt. Der Grund ist, daß die Seele mit sich selbst kein Erbarmen hat. Gottes Gnade gab uns diese menschliche Gestalt, und erst durch sie begann das Sehnen nach Ihm. Weiterhin brachte Er den Sucher zu einem vollendeten Meister, in dem Er sich offenbart. Als der Meister die innere Verbindung gab, schenkte er uns auch seine Barmherzigkeit. Wenn ihr, die Seele, nun kein Erbarmen mit euch selbst habt, was kann man dann noch tun? Mein Meister sagte immer: "Der Doktor gab euch das Heilmittel, ihr aber nehmt es nicht. Wie könnt ihr da geheilt werden?" Wenn die Seele mit sich selbst kein Erbarmen hat, wird die Saat keine Frucht bringen. Es ist wahr, daß die Saat gesät wurde und niemals mehr zerstört werden wird, aber wir werden immer wieder in die Welt zurückkommen müssen, wenn auch nicht niedriger als in menschlicher Gestalt. Nutzt diese große Gelegenheit, die ihr bekommen habt. Ein großer Teil eures Lebens ist bereits vertan. "Viel Zeit ist bereits vergangen, nur wenig bleibt noch, darum tut in der verbleibenden Zeit eure Arbeit." Leben über Leben und noch mehr Leben seid ihr schon von Ihm getrennt; der Vater sehnt sich danach, daß Seine Kinder nun in die Herde zurückkehren.[122]

11

Selbsteinschätzung: Die Neue Richtung

Wenn einzig und allein der Gedanke im Gemüt vorherrschen würde: "Wer bin ich, wohin gehe ich?", dann könnte das unsere ganze Lebenseinstellung ändern.[124] Ich rate euch, einen dicken Strich unter die Vergangenheit zu ziehen und einfach alles zu vergessen, was geschehen ist, da keine noch so große Reue oder Ärger es ungeschehen machen können. Ihr müßt eurem Leben eine neue Zielsetzung geben.[125] In den heiligen Büchern stehen sehr wertvolle Anleitungen, aber leider bleiben sie nur dort und dringen nur verstandesmäßig in uns ein. Wir müssen aber erkennen und danach leben, denn nur dann wird es ein Teil unseres Lebens. Die Nacht ist wie ein schützender Wald; erledigt eure Arbeit am Tage und nutzt die Nacht. Der wahre Sinn, einen menschlichen Körper zu haben, liegt darin, täglich dem großen Ziel näher zu kommen. Deshalb setzt euch Tag für Tag hin und seht, wo ihr steht. Das Tagebuch zu führen ist äußerst wichtig, aber nur sehr wenige verstehen das voll und ganz. Trennt euch von allem, was euren Fortschritt aufhält. Merzt eure Unvollkommenheiten eine nach der anderen aus. Ein starker Mann freut sich über seine Kraft und ein schwächerer wundert sich, wie jener sie bekommen hat. Wenn ein Ringer aus dem Haus geht, drehen sich die Menschen um, schauen ihn an und machen Bemerkungen über seine Stärke. Er hat diese Kraft aber nicht über Nacht erlangt, sondern durch hartes Training in vielen Nächten.

PFAD I

So wie der Entsagende alles verläßt und in die Wälder geht, so könnt ihr euch jede Nacht zu Hause hinsetzen, die Welt vergessen und euch von allen Verstrickungen befreien.[126]
Wenn ihr einen Schritt vorwärts geht, wird er euch Hunderte von Schritten entgegenkommen, um euch zu begrüßen.[127] Ganz gleich, wie eure Vergangenheit war - hört jetzt auf! Betrachtet die Tatsachen und macht einen neuen Anfang. Steht still und werdet ruhig oder ihr werdet keinen Erfolg haben.[128]
Wiederum ist es eine Frage der Ernsthaftigkeit. Verlangen wir wirklich nach Gott? Manchmal beten wir zu Gott. Sogar unser Verstand spürt zeitweise die Notwendigkeit Gottes. Aber will unser Gemüt Gott? Das ist der Kern der Frage. Wir bitten um so manches und wissen, daß es uns nur auf der physischen Ebene von Nutzen ist. Das Gemüt ist völlig von der Farbe der Welt durchdrungen. Es hat keine Zeit, an irgend etwas anderes zu denken. Es besitzt große Kraft, und wenn es etwas will, betet es dafür inbrünstig. Zeitweise weint es sogar darum. Gott spielt dabei nur als Mittel zur Befriedigung seiner weltlichen Wünsche eine Rolle. Tag und Nacht denkt man dann an nichts anderes. Das ist der eigentliche Zustand unseres Gemüts. Ihr könnt es selbst ergründen. Verlangt ihr wirklich aufrichtig nach Gott? Nein. Wir wollen ihn nur als Mittel zum Zweck, und der Zweck sind äußere Freuden und Annehmlichkeiten. Darüberhinaus hat Gott für uns keine Bedeutung. Es ist eine Sache von Bedarf und Nachfrage. Wenn wir Gott wirklich wollen, hilft uns dieses Naturgesetz. Wo Feuer ist, kommt ihm Sauerstoff zu Hilfe. Alles was wir tun müssen, ist, Zunge, Verstand und Gemüt in Einklang zu bringen. Eine solche Einstellung läßt die Gemütskräfte anwachsen. Wo die Gemütskraft stark ist, kann uns nichts im Wege stehen. Wir müssen wahr zu unserem Selbst sein, dann wird alles, was wir wünschen, erfüllt werden.[129]
Entscheidet euch also von heute an, hört doch! Entscheidet, was euer Ziel im Leben sein soll. Wir werden getrieben, ziellos umhergetrieben, und das Ergebnis ist, daß wir diesen Weg nur beginnen, ein paar Tage vorwärts gehen, einige zurück. Einige

Tage schreiten wir fort, einige fallen wir wieder zurück. Wir graben so viele Löcher in die Erde, einige einen Meter, einige zwei Meter und andere eineinhalb Meter tief. Aber Wasser kommt nirgends! Seht ihr nun alle den Weg klar vor euch? Dann geht ihn wirklich! Beginnt heute! Denn was vergangen ist, ist vergangen. Kümmert euch nicht mehr darum. Träumt aber ebensowenig von der Zukunft. Wenn ihr auf den Weg gestellt seid, werdet ihr das Ziel erreichen. Und womit wollt ihr in Berührung kommen? Mit dem Licht und dem Ton in euch. Wenn ihr euch zum Meditieren hinsetzt, ist der Tonstrom da, wie ein Aufzug, das ist alles. Wie ich euch schon gesagt habe: Der geistige Weg ist nicht schwer. Wir sind es, die ihn schwierig machen; das ist es. Folgt ihm einfach. Lebt ein einfaches Leben und praktiziert hohes Denken.[130]

Der Mensch ist die höchste aller Lebensformen und steht auf der obersten Sprosse der Schöpfungsleiter, denn ihm hat Gott die Urteilskraft gegeben, mit der er das Wahre vom Unwahren unterscheiden und so das erreichen kann, was in keiner anderen Form der Schöpfung möglich ist.[131]

Es macht nichts, wenn ihr bisher noch nicht nach den heiligen Geboten leben konntet. Eure zu Gott gerichteten Bemühungen um Vervollkommnung sind lobenswert. "Bis hierher und nicht weiter" sollte der Leitspruch sein. Wenn ihr diesem goldenen Lebensgrundsatz folgt, werdet ihr euch zu gegebener Zeit sicherlich ändern. Langsam aber beständig voranschreiten, verkürzt die Reise. Ein Schritt in der richtigen Richtung unter der beschützenden Obhut der Meisterkraft wird den Ball ins Rollen bringen. Ihr solltet bitte beachten, daß jedes Vergnügen seinen Preis hat und jedes Leiden einen entsprechenden Ausgleich findet.[132]

12

Gehorsam: „Wenn ihr mich liebt, dann haltet meine Gebote"

Wenn ich nur Ihm gefalle, ist's der Pilgerfahrt genug.
Wenn nicht, ist nichts - weder Riten noch Mühen -
    von Nutzen.
Wohin ich auch schaue, sehe ich, daß in Seiner Schöpfung
    niemand ohne Seine Gnade Erlösung fand.
Ungeachtet aller Karmas könnt ihr in euch
    ungeahnte göttliche Schätze entdecken,
    wenn ihr nur den Lehren eines Meisters folgt.
Mein Meister lehrte mich das eine:
Er ist der Herr aller Dinge,
    möge ich Ihn niemals vergessen.[133]

                                Aus dem Jap Ji

Wenn ihr dem Meister Wort für Wort folgt, wird er euch zum Herrn in eurem eigenen Haus machen.[134] Natürlich wird das Kind, das des Vaters kleinsten Wunsch beachtet, sich seines Wohlwollens erfreuen. Wer jedoch auf den eigenen Vorstellungen beharrt und nicht hören will, wird zwar zweifellos auch des Meisters Liebe erhalten, aber den Schlüssel nach innen wird er nicht erhalten.[135] Entscheidet selbst, ob ihr euch nach den Eingebungen des Gemüts oder nach den Geboten des Meisters richten wollt. Ihr selbst könnt frei wählen, niemand sonst kann es für euch tun.

PFAD I

Die Welt mag euch verurteilen, wenn ihr des Meisters Weg wählt. Dennoch braucht ihr euch nicht zu sorgen, denn ihr habt den richtigen Weg aufgenommen.[136]

Wir sollten jene Eigenschaften nützen, die uns helfen werden, uns wieder mit Gott zu vereinen, und sollten alle Charakterzüge ablegen, die uns von Ihm wegführen. Es ist nicht schwierig, Gott zu erkennen, aber es ist sehr schwierig, ein Mensch im wahrsten Sinne zu werden. Hundertmal und mehr beugen wir unser Haupt und sagen: "Ja, ja, ich werde es tun", und doch handeln wir dann so, wie es uns gefällt. Das zeigt, daß wir den spirituellen Pfad bis jetzt noch nicht richtig verstehen. Wenn ihr eure alten Gewohnheiten noch nicht geändert habt, so tut es ab sofort. Fangt jetzt an. Wenn ihr schlecht von anderen denkt, feindselig Partei ergreift, wenn ihr wie ein Staatsanwalt über die Lebensweise eurer Mitmenschen urteilt - glaubt ihr nicht, daß euch das innerlich hitzig macht? Jeder Mensch sieht nur von seiner eigenen Warte aus, der Meister aber sieht alles aus einer ganz anderen Sicht. Wenn ihr erkannt habt, daß jemand höher steht als ihr, dann hört auf ihn.[137] Den Meister nur anzuschauen, bringt keine Erlösung; denkt daran. Durch bloßen Anblick des Meisters kommt die Erlösung nicht. Ihr müßt schon auf seine Worte hören. Tut, was der Meister sagt. Folgt seinem Rat, gehorcht ihm und werdet für ihn empfänglich, denn dadurch erhält die Seele Kraft. Arbeit, die gerade noch unmöglich erschien, wird nun leicht. In Gemeinschaft mit einem wahren Meister werden alle Sünden weggewaschen, und nur von ihm könnt ihr die Gabe von Naam erhalten. Der Meister ist so mächtig, daß nicht nur der Schüler gesegnet ist, denn auch diejenigen, die den Schüler lieben, werden des Meisters Schutz erhalten. Dies beweisen uns Berichte, die in den heiligen Büchern stehen.[138]

Es besteht weniger Hoffnung für jene, die nur dem Körper des Meisters Gehorsam leisten, verglichen mit denen, die seine Worte befolgen. Letztere werden ganz sicher erlöst. Worte des Meisters sollten wir daher befolgen und sie achten, denn dann werden wir sicher in das Haus unseres Vaters zurückkehren. Wer aber dem

PFAD I

Meister nur äußerlich Gehorsam leistet und nicht nach dem lebt, was er sagt, braucht länger. Die Zeit spielt dann eine wichtige Rolle.[139]

An den Lehren des Meisters festzuhalten heißt, wie auf eines Messers Schneide zu gehen. Je mehr man auf der Schneide eines Messers geht, desto mehr wird man sich die Füße zerschneiden. Was bedeutet das? Je mehr ihr euch an die Lehren des Meisters haltet und dem folgt was er sagt, desto mehr werdet ihr das Alte, also das, was ihr seid, ob hoch oder niedrig, ablegen.[140]

Die erste Schwierigkeit auf dem Weg zur Hingabe an den Meister ist also, daß ihr das befolgen müßt, was er sagt, ohne Rücksicht darauf, ob die Welt euch lobt oder nicht. Es kann schon sein, daß er etwas sagt, was eurem Intellekt nicht gefällt, aber was ist dann dennoch eure Pflicht? Wenn der Offizier im Feld "Feuer" befiehlt, was wird der Soldat tun? Er muß feuern. Der Meister wird jedoch niemals etwas verlangen, was nicht gut für uns ist. Es ist möglich, daß ihr im Augenblick nicht versteht, was er meint, doch er hat dabei stets einen edlen Zweck im Auge, der nur zu eurem Besten ist. Deshalb ist es sehr schwierig, den Geboten des Meisters zu gehorchen.[140]

Wo beginnt das ABC? - Wenn ihr die Gebote des Meisters befolgt. Was sagt der Meister? Er sagt: "Haltet euer Leben rein, laßt das Äußere eine Zeitlang beiseite, und geht nach innen." Erhebt euch über das Körperbewußtsein. Verbindet euch mit der offenbarten Gotteskraft, dem Licht und dem Tonstrom in euch. Dann erhebt euch über den astralen und den kausalen Bereich. Dann werdet ihr erfahren, was gemeint ist mit: "Ich und der Vater sind eins." Ihr könnt euch dann noch weiter in einen "überbewußten" Zustand erheben. Doch das ist schließlich das Endziel.[141]

Also meine Brüder, befolgt meine Ratschläge. Führt eure Meditationen aus, auch wenn es nur sehr wenig ist. Erweitert die Erfahrung, die euch gegeben wurde. Achtet im täglichen Leben auf alles, was ihr tut, und führt ein Tagebuch. Versäumt nicht euren Bhajan und Simran. Gegen Fehler gibt es ein Heilmittel, aber es gibt keines gegen Ungehorsam, und für solche Schüler ist

PFAD I

der Weg sehr lang. Wer Naam einmal erhalten hat, wird Gott bestimmt erreichen, aber es wird für jeden, der den Anweisungen nicht folgt, eine lange Reise sein. Ihr müßt es ja doch tun, ob nun in einer Geburt, in zwei oder vier, warum also nicht jetzt? Denkt daran, daß der Schüler, dessen Gesicht allzeit dem Meister zugewandt ist, dessen Aufmerksamkeit anzieht. Wenn ihr jemand im Herzen bewahrt, werdet ihr in seinem wohnen.[142]

Die ganze Schöpfung ist in der Hand Gottes, so wie ein Kraftwerk alle Maschinen antreibt. Wer die Leitung eines Kraftwerkes hat, wird versichern, daß keine einzige Maschine ohne seine Anordnungen laufen kann. Wer unter ihm arbeitet, sagt: "Achte darauf, daß Du nicht gegen seine Anweisungen verstößt, sonst könnte Dir ein Körperteil von der Maschine abgetrennt werden." Gott wird als Shabd, Naam oder das Wort bezeichnet. Das, was wir die beherrschende Kraft nennen, ist Sein Wunsch, Seine Anordnung, Sein Wille, und dieser ist wie ein Gesetz und kann nicht umgangen werden.

Durch Shabd kommt alle Freude
und durch die Liebe zum wahren Naam.

Die Seele ist ein Teil Gottes, so wie sie ein Teil von Shabd ist. Wenn die Seele mit Gott eins wird, ist sie voll Glückseligkeit.

Wenn du dich nach ewiger Glückseligkeit sehnst,
gib dich Gott hin.

Begib dich unter den Schutz jener Kraft, die ständig in allem vibriert.[143]

Du wirst weiterhin kommen und gehen, bis du dein ganzes Wesen dem Meister übergibst, und das bedeutet, so zu leben und zu denken, wie er es für richtig hält. Der Herr des Verstandes ist von jetzt ab der Meister. Maulana Rumi betet zu Gott und sagt:

Der Verstand wird mein Gesicht von Dir abwenden;
halte Deine Hand darüber, dann bin ich gerettet,
andernfalls bin ich verloren.

Es dauert nicht lange, bis Milch verdirbt. Beim Verstand ist es ähnlich. Wenn euer Gemüt dem Meister hundertprozentig gehorcht, werdet ihr erfahren, wer Gott ist. Laßt euren Intellekt

PFAD I

nicht im allergeringsten das anfechten, von dem ihr wißt, daß es wahr ist. Wer gewillt ist, dem Meister zu gehorchen, ohne zu fragen, wird den Schatz erhalten. Naams ständiger Gesang, Gottes kostbares Juwel, ist in der Obhut des Meisters. Man kann auch sagen, daß Gott seinen Schatz dem Meister übergeben hat. Was geschieht dann? Der Meister breitet ihn vor dem aus, der seine Worte als Wahrheit annimmt. Einen Meister zu finden, der in der Lage ist, das zu tun, ist der Höhepunkt eines guten Schicksals. Ohne ein gutes Schicksal begegnet man dem Meister nicht.[144]

Wer einen wahren Meister gefunden hat, einen Meister, der auf Gott eingestimmt und Sein Sprachrohr ist, und das, was er sagt vollkommen und absolut beherzigt, wird sicher die hydraköpfige Schlange des Ego zerstören und seine himmlische Heimat erreichen. Im Verlauf einer solchen Liebe wird es Augenblicke geben, in denen man bezweifelt, ob die Anweisungen des Meisters richtig sind, weil man vom eigenen begrenzten Verständnis aus urteilt. Aber solche Augenblicke sind nur Prüfungen, damit unsere Hingabe wachsen kann. Wer diese Prüfungen erfolgreich besteht, wird eines Tages in der Herrlichkeit Gottes erstrahlen.[145]

Auf jemanden hören und sich selbst hingeben, sind zwei verschiedene Dinge. Die Wünsche des Meister zu beherzigen, heißt noch nicht, daß man sich selbst hingegeben hat, obwohl jemand, der sich ganz hingegeben hat, natürlich auch auf den Meister hört. Wenn man sich aber selbst hingegeben hat, wird man nicht an das Warum und Wozu denken, sondern einfach tun, was er sagt. "Ich habe mich deinen Anordnungen unterstellt, tu also was du willst."

Als Hazrat Ibrahims Sklave gefragt wurde, wo er schlafen und welche Kleider er tragen möchte, antwortete er: "Herr, ihr habt mich gekauft, was ihr auch wünscht, werde ich tun." Das ist es, was Selbsthingabe bedeutet. Diesen Schritt zu tun, ist sehr schwierig, denn Hunderte von Zweifeln kommen uns in den Sinn.[146]

Wenn ihr wirklich erkannt habt, was ein Meister ist, dann

bleibt nichts mehr zu lernen übrig. Der Meister lehrt uns mit Liebe und Überzeugungskraft, schließlich sind wir seine Kinder! Wenn ein Kind schmutzig ist, kann er es deshalb doch nicht töten. Unter dem Einfluß des Gemüts versteht ein Manmukh, also einer, der der Welt ergeben ist, nur wenig. Er hört nicht auf den Meister und lebt nicht so, wie es ihm gefallen würde, sondern ist mit seinem eigenen Willen beschäftigt. Der Grund dafür? Er hat wenig oder keine Verbindung mit Shabd. Wenn jemand diese Verbindung bekommt, sollte er sie aufrechterhalten und nicht unterbrechen! Nur dann werden die Tugenden ohne Anstrengung hervorkommen. Die kostbare Eigenschaft wahrer Demut und Bescheidenheit wird im Herzen wachsen. Allein wenn man auf Shabd hört, ist das ein Schatz, der alle Tugenden in sich birgt.[147]

Wie lange wirst du versuchen, deinen Meister zu täuschen? Erkenne nun was er ist.

Ihr verbergt die wirklichen Tatsachen und denkt: "Was weiß denn schon der Meister? Das was wir tun möchten, ist richtig." Ihr haltet an einer Vorstellung fest, stellt diese über alles andere und glaubt, jeder andere müsse sich irren, selbst wenn euch euer Meister etwas anderes sagt. Wie lange wollt ihr damit weitermachen? Täuscht euch nicht, er beobachtet jede unserer Handlungen, denn die Meisterkraft wohnt in unserem innersten Wesen. Aber törichterweise glauben wir, daß er nicht gegenwärtig ist, uns nicht sieht, und meinen, wir könnten irgend etwas tun, ohne daß er davon etwas erfährt. Er bittet uns, daß wir doch wenigstens versuchen sollten, zu erkennen, was ein Meister ist. Denn der Meister ist nicht die physische Gestalt, nicht die menschliche Hülle, sondern die allmächtige Gotteskraft, die sich darin offenbart. Im allgemeinen heißt es, daß Gott überall ist und alles sieht. Setzt euch ganz dafür ein, zu erkennen, was der Meister ist, und dann macht es zu eurer eigenen Erfahrung.[148]

Seid von heute an ein würdiger Schüler, würdig, sogar ein Meisterschüler genannt zu werden, der Lieblingsschüler des Meisters. Das könnt ihr erreichen, wenn ihr den Worten des Meisters gehorcht. Ihr wollt es nicht? Ihr werdet es tun müssen, wenn nicht in diesem Leben, dann im nächsten. Liebe Brüder, welchen Sinn hat es, wieder und immer wieder zu kommen? Warum tut ihr es nicht gleich jetzt? "Wenn diese Geburt vergeht, werdet ihr sie nicht wieder bekommen, und das kostbare Leben wurde vergeudet."[149]

Die menschliche Geburt mag uns schon oft gewährt worden sein, aber Stolz und Selbstsucht töteten uns immer wieder, machten all unsere gute Arbeit zunichte und nötigten uns immer wieder, zum gleichen Schauplatz zurückzukehren. In der Vergangenheit war das unser Verderben, und es gewinnt auch schon in der Gegenwart die Oberhand. Gehorcht nicht eurem Gemüt, sondern hört auf das, was der Meister sagt, denn das wird euch große Freude bringen, während euch Nachgiebigkeit dem Gemüt gegenüber unendliches Leid bringen wird. Das Gemüt brachte schon immer Sorgen hervor. Wascht Ärger mit Liebe weg, so wie es euer Meister tut. Wenn ihr nicht verstehen wollt, dann kann man nichts machen.[150] Ihr müßt dann eben weiterhin für eure Fehler bezahlen.[151] Beherzigt ihr nach der Initiation durch den Meister das, was er sagt, dann werden alle Sünden für immer weggewaschen, auch all die Kümmernisse des weltlichen Lebens.[152]

Warum kommen die Meister und was ist ihre Aufgabe? Sie befreien die Seele vom Gemüt und den Sinnen und verbinden sie mit Naam. Sie kommen ausschließlich zu diesem Zweck, obwohl sie dabei durch viele Schwierigkeiten gehen und hart arbeiten. Geht zum Meister und beherzigt seine Ratschläge. "Die Worte eines vollkommenen Meisters nehme ich mir zu Herzen." Nehmt seine Worte tief in euch auf - sie sollten nicht zu einem Ohr hinein und zum anderen heraus gehen - und haltet sie sicher in eurem Herzen fest.[153]

Wenn sich jemand während des Lebens spirituell entwickelt hat, bleibt er es auch im jenseitigen Leben. Wenn er aber nicht so weit ist, wie kann er sich dann nach dem Tode weiterentwickeln? Jetzt, im menschlichen Leben, haben wir eine kostbare Gelegenheit, weil wir uns bis zur Vollkommenheit entwickeln und von den Dingen dieser Welt lösen können. Wer sich in Liebe und Hingabe an den Meister überzeugend entwickelt hat und spirituell fortgeschritten ist, braucht nicht ins irdische Leben zurückzukehren, sondern wird unter der Führung der Meisterkraft, die in ihm wohnt, in den inneren Ebenen vorwärts schreiten. Wenn die Schüler doch nur so handeln und sich so verhalten würden, wie ihnen gesagt wird, dann würden sie sich sicher in diese Bereiche des Lichts und der höchsten Freude erheben und dem strahlenden, bezaubernden Meister von Angesicht zu Angesicht begegnen. Es mag schwierig erscheinen, ist aber eine erfahrbare Möglichkeit und mit der Gnade des Meisters für jedermann erreichbar. Alles, was heilig, liebenswert und gut ist, ist schwer zu erreichen, aber die Belohnungen sind die allerherrlichsten.[154] Jeder Schüler eines befähigten Meisters ist dazu ausersehen, seine wahre ewige Heimat zu erreichen. Die Geschwindigkeit, mit der er das erreicht, wird sehr viel größer, wenn er auf den Meister hört. Auf diese Weise kann er hier und jetzt gut vorankommen.[155]

Durch Worte gewinnt ihr den Meister nicht, sondern durch Taten. "Wenn ihr mich liebt, dann haltet meine Gebote."[156] Wenn wir gewissenhaft nach seinen Anweisungen handeln, wird er uns mit der Zeit zu einem Heiligen, wie er selbst es ist, machen.[157]

PFAD I

13
Der Schüler wird geprüft

Der Meister prüft den Schüler immer wieder, um festzustellen, wieviel dieser Opfer bringen kann, wieviel liebende Hingabe er hat und bis zu welchem Ausmaß er noch unter den Einflüssen des Gemüts steht. Wer alles um seines Meisters willen hingibt, hat alles erreicht.[158]

14
Die Zeit spielt eine große Rolle

Mahatma, also eine große, reine Seele, wird man nicht an einem Tag. Rom wurde auch nicht an einem Tag erbaut. Der Mensch ist im Werden. Ihr braucht an eurem inneren Fortschritt nicht zu zweifeln, da der Mensch das innere Wachstum nicht beurteilen kann. Die göttliche Liebe des Meisters ist wie der Funke einer Flamme, der in kurzer Zeit alles in Asche verwandelt.[159]

Im Gurbani steht, daß reine Gedanken und Ausdauer notwendig sind. Möchtet ihr euch so ändern, daß es sich lohnt oder nicht? Wenn wir so etwas hören, sind wir zwar dazu bereit, aber die Arbeit kann nicht an einem Tag vollbracht werden. Ein Kind, das lesen lernt, liest einige Zeilen und vergißt sie sofort wieder. Es muß sie immer wieder lesen, aber wenn es sich beim Lernen genügend anstrengt, kann es eines Tages sogar ein Buch schreiben. Jeder Heilige hat seine Vergangenheit und jeder Sünder eine Zukunft. Wer heute noch so ist wie wir, kann es morgen schon zu etwas gebracht haben. Dazu brauchen wir die richtige Führung von jemandem, der selbst schon fortgeschritten ist, von niemandem sonst. Das zweite ist, daß wir unbedingt auf den Meister hören müssen. Des Meisters Worte sind nicht nur Worte allein, sondern sie sind der Meister selbst! Und außerdem brauchen wir noch Ausdauer.[160] Wer jetzt in besserer Lage ist, mag noch vor einiger Zeit wie ihr oder sogar noch schlechter dran gewesen sein. Aber er hielt durch und tat das Richtige. Das gab ihm Kraft und Stärke. Ihr könnt das gleichermaßen tun. Es geht nur darum, einen neuen Anfang zu machen. Beginnt jetzt sofort. Der Meister sehnt sich danach, euren Fortschritt zu sehen. Er möchte, daß seine Schüler sich in erhabene Höhen erheben und ihre Becher bis zum Rande mit dem Nektar der Gottesbewußtheit füllen lassen. Aber aus diesen Bechern muß zuerst der Unrat, den sie enthalten, entfernt werden, um Raum zu schaffen, damit der Nektar hineinfließen kann.

Trachtet nach Umgang der euch hilft. Gebt alle andere Gesellschaft liebevoll und behutsam auf. Ihr werdet sicherlich fortschreiten. Aber denkt an eines: Rom wurde nicht an einem Tag erbaut. Dazu war über einen langen Zeitraum hinweg ein riesiger Arbeitsaufwand von Hunderten und Tausenden nötig.

Eure Anstrengung muß vielleicht nicht so groß sein, aber das, was ihr haben möchtet, ist andererseits auch nicht ganz so einfach zu erlangen. Ihr müßt dafür arbeiten. Seid aber sicher, daß ihr mit ein bißchen Anstrengung bessere Ergebnisse erzielen werdet. Der Meister möchte, daß ihr Liebe, Demut und Bescheidenheit entwickelt und diese Eigenschaften mit Nachsicht lebt. Die Wissenschaft der Spiritualität ist klar und eindeutig, und wer ihr folgt, und sei es der Schlechteste aller Schlechten, wird sich zum Besseren ändern. Wenn das bei einigen, die auf den Weg gestellt wurden, nicht der Fall ist, so ist das allein ihr Fehler, und es liegt nicht daran, daß die Wissenschaft nicht stimmt.

Dies ist der vollkommenste Weg, wie er von allen vergangenen Meistern aufgezeigt wurde. Unser tägliches Leben sollte ein lebendiges Zeugnis dessen sein, was wir bekennen. Das ist das ganze Geheimnis. Jeder muß es lernen, und je eher, umso besser. Reformer werden gesucht, aber nicht solche, die andere, sondern die sich selbst reformieren. Es ist besser, seine eigenen Mängel zu erkennen und zu versuchen, sie abzulegen, als andere zu kritisieren.[161]

15

Karma: Das bindende Rad

Für jeden Gedanken, jedes Wort und jede Tat muß in der Natur Rechenschaft und Ausgleich geschaffen werden. Jede Ursache hat eine Auswirkung und jede Aktion bringt eine Reaktion hervor. Beseitigt die Ursache, und die Auswirkung verschwindet. Das taten die Meister, die diese Gesetze überwanden. Alle anderen aber sind durch die Bande des Karma gebunden. Karma ist die Grundursache physischen Lebens und von der Natur geschickt eingerichtet, um dieses Dasein in Gang zu halten. Durch das Gesetz des Karma müssen wir Auge um Auge und Zahn um Zahn in Form von Freud oder Leid bezahlen. Das ist die treibende Geißel in den verborgenen Händen der Natur. Das Gemüt zieht Karma an, legt eine Hülle um die Seele und beherrscht den Körper durch die Organe und die Sinne. Und obwohl es die Seele ist, die dem Gemüt Kraft verleiht, hat sich letzteres unumschränkte Gewalt angeeignet und beherrscht nun seinerseits die Seele. Deshalb heißt es, das Gemüt zu beherrschen ist der erste Schritt zur Spiritualität. Sieg über das Gemüt heißt Sieg über die Welt. Sogar große Yogis und Mystiker, die in hohe spirituelle Bereiche aufsteigen können, bleiben von der Hand des Karmas nicht verschont.

Die Heiligen teilen das Karma in folgende drei Gruppen ein:
1. *Sanchit- oder Vorratskarma*:
Es besteht aus guten oder schlechten Taten, die auf unserem Konto stehen. Dieses Karma haben wir in all unseren früheren Körpern der Schöpfungsordnung verdient und erhalten, ange-

fangen vom Tag des ersten Lebens auf der Erde. Der Mensch weiß leider nichts von ihm oder seinem Ausmaß.

2. *Pralabdh- oder Schicksalskarma*:

Die Ergebnisse und Auswirkungen des Pralabd-Karmas bringen den Menschen in seinen gegenwärtigen Körper und müssen in diesem Leben abgetragen werden. Die Auswirkungen dieses Karmas kommen unerwartet und unbemerkt, und wir haben auch nicht die geringste Gewalt darüber. Ob gut oder schlecht, wir müssen dieses Karma erdulden oder ertragen, lachend oder weinend, ganz wie es uns beliebt.

3. *Kriyamankarma oder Karma, das im gegenwärtigen Körper entsteht*:

Dieses Karma unterscheidet sich von den beiden oben angeführten, da hier der Mensch, innerhalb gewisser Grenzen, frei ist, das zu tun, was ihm beliebt. Ob wir es wissen oder nicht, begangene Handlungen, die unter diese Kategorie gehören, tragen Frucht. Die Ergebnisse einiger dieser Taten ernten wir noch bevor wir sterben, und der Rest wird auf das Vorratslager übertragen.

Das Karma ist die Ursache der Wiedergeburt, und jeder Geburt folgt wiederum der Tod. So setzt sich der Kreislauf von Vergnügen und Leid, den Begleitumständen von Geburt und Tod, fort. "Wie du denkst, so wirst du," ist das unabänderliche Naturgesetz, durch das dieses Weltall überhaupt besteht. Weder besondere Redlichkeit noch außergewöhnliche Begabung kann einen Menschen befreien, solange noch die leiseste Spur von Karma vorhanden ist. Unkenntnis dieses Gesetzes ist keine Entschuldigung, und obwohl es bei von Menschen gemachten Gesetzen unter bestimmten Bedingungen mildernde Umstände geben kann, gibt es bei diesem Naturgesetz keine derartige Nachsicht. Gebet, Glaube oder Buße können eine Zeitlang gedankliche Erleichterung bringen, aber nicht das Karma überwinden. Alles Karma muß vollständig getilgt sein, bevor wir ewige Erlösung erhalten können.[162]

Die Philosophie des Karma hat einen besonderen Platz in der Wissenschaft der Spiritualität. Aber sie sollte auf keinen Fall so angewandt werden, daß sie unter Schülern und Nicht-Eingeweihten ein Gefühl der Hilflosigkeit und Enttäuschung verursacht. Der Mensch gestaltet selbst sein Schicksal, und obwohl wir nicht in der Lage sind, die Vergangenheit zu ändern, können wir doch die Zukunft schmieden, so gut wir es vermögen. "Bis hierher und nicht weiter" geht die äußerste Grenze, die der Meister für jeden von uns zieht, und sie sollte auf keinen Fall überschritten werden.[163] Unter seinem göttlichen Willen bewegen wir uns im Rahmen unserer vergangenen karmischen Entwicklung. Entsprechend unseren vergangenen Handlungen sind wir innerhalb gewisser Grenzen gebunden und in gewisser Weise frei. Wir können die uns freistehenden Entscheidungen nutzen, um unseren Kurs zu ändern, damit wir auf unserem spirituellen Weg fortschreiten.[164] Wie können wir nun, da uns unser Schicksal hierhergeführt hat, das Beste aus dem menschlichen Leben machen? Wir sollten keine weiteren karmischen Saaten mehr säen. Was auch im Leben auf Grund der vergangenen Handlungen geschieht, sollten wir gelassen ertragen. Glück und Unglück werden kommen, aber wir sollten niemals verzagt sein. Die großen geistigen Führungspersönlichkeiten machen ähnliche Erfahrungen, leiden aber nicht unter den quälenden Auswirkungen. Mein Meister sagte immer: "Ihr könnt nicht alle Dornen wegräumen, die ihr selbst auf euren Weg gestreut habt, aber ihr könnt zum Schutz feste Stiefel tragen." Über die schwierige Aufgabe, uns vor den aufgespeicherten Rückwirkungen zu schützen, sollten wir ernsthaft nachdenken, denn nur als Mensch haben wir die Möglichkeit, diese Aufgabe anzugehen. Selbst die Heiligen verlassen beim Tod den Körper, und auch sie erhalten Reichtum oder Armut, aber sie vermeiden stets jene Handlungen, die Rückwirkungen auslösen werden.[165]

Wer nur eine Farbe sein eigen nennt,
erfreut sich ewiger Freiheit.
Er hat mit keinem Streit.

Er hat das richtige Verständnis. Er ist sich der Einheit allen Lebens vollkommen bewußt. Die Wellen an der Oberfläche des

PFAD I

Lebensmeeres mögen kommen und gehen, er jedoch bleibt in jedem Augenblick davon unberührt. Endlos und unermüdlich wirkt und handelt er hier und steht dennoch über den Auswirkungen seiner Handlungen. Die Bedeutung des Begriffes "Neh-Karma" ist, daß man die Handlungen zwar ausführt, aber doch nicht der Handelnde ist. Wer die wahren Tatsachen nicht erkennen kann, kann nicht Neh-Karma werden. Nur wer in allem Gott als Handelnden sieht, kann diesen Zustand erreichen. Neh-Karma ist derjenige, der mit Shabd verbunden ist.[166] Ist man zum bewußten Mitarbeiter am göttlichen Plan geworden, werden alle vergangenen Handlungen, das Sanchit- oder Vorratskarma, ausgelöscht und getilgt. Wenn der Handelnde diese Handlungen nicht mehr als sein eigen ansieht, wer ist dann für sie verantwortlich? Ist aber unsere Ichhaftigkeit dabei, müssen wir die Ergebnisse unserer Handlungen hinnehmen.

Jemand mag zwar sagen: "Ich bin nicht der Handelnde", aber im hintersten Winkel seines Herzens glaubt er es doch nicht und hält sich weiterhin für denjenigen, der alles selbst tut. Dadurch ist er natürlich für seine Handlungen und die daraus folgenden Auswirkungen weiterhin verantwortlich. Wenn er zum bewußten Mitarbeiter am göttlichen Plan wird und weiß, daß er nur das tut, was Gott will, wie kann er dann durch irgendeine Handlung belastet werden?[167] Neh-Karma zu werden sollte somit unser Lebensziel sein, denn das bedeutet Erlösung.[168]

Wir sind unseren Handlungen preisgegeben, und was wir auch tun, hat seine Rückwirkung. Gute Taten bewirken gute und schlechte Taten schlechte Rückwirkungen. Im Gurbani, den Lehren der Sikhs, steht geschrieben: "Gib die Schuld nicht anderen, sondern deinen eigenen vergangenen Handlungen." Brüder, macht niemals andere verantwortlich. Ihr erhieltet diesen menschlichen Körper als Ergebnis eures Pralabdh-Karmas, also jenes Karmas, das diesen Lebensablauf bestimmt. Das ist die gute Frucht eurer Vergangenheit. Alles, was ihr aus den vergangenen Leben an Geben und Nehmen zu begleichen habt, muß jetzt beglichen werden. Von einigen müßt ihr etwas entgegennehmen, anderen müßt ihr geben. Manchmal, wenn wir jemandem etwas geben, steigt aus dem Innern des Herzens Liebe auf; und bei anderer Gelegenheit geben wir nur widerstrebend und voller Abneigung. Das ist die Auswirkung der Vergangenheit. Der eine ist reich, der andere arm, einige sind Herren, andere Diener. Insgesamt gibt es sechs Dinge, die der Mensch nicht bestimmen kann: Leben, Tod, Armut, Reichtum, Ehre und Unehre. Sie liegen alle jenseits unserer Machtbefugnis.[169]

Gute Handlungen werden ohne Zweifel ihren Lohn bringen, aber ihr werdet noch immer gefangen sein. Vielleicht werden einige in ein Gefängnis erster Klasse kommen, andere in die zweite und wieder andere in die dritte Klasse; einige werden die Freuden der anderen Welt kennenlernen. Himmel und Hölle werden immer wiederkommen, denn dieser Kreislauf kann nur unterbrochen werden, wenn wir aus der Täuschung herausgelangen.[170] Wir kommen nur in diese Welt, um unsere alten Konten von Geben und Nehmen auszugleichen. Alle unsere Verwandschaftsbeziehungen, wie Vater und Sohn, Mann und Frau, Mutter und Tochter, Bruder und Schwester und umgekehrt, sind das Ergebnis vergangener karmischer Rückwirkungen. Es heißt, daß die Feder unseres Schicksals sich entsprechend unseren Taten bewegt. Was wir säen, müssen wir ernten. Wenn wir kommen, steht das Schicksal bereits auf unserer Stirn geschrieben. Selbst der Körper ist das Ergebnis unserer früheren Taten, und es heißt mit Recht, daß wir "Karman sharir" sind, was bedeutet, daß es die Vorsehung ist, die unsere Gestalt formt. Ohne Körper gibt es kein Handeln und ohne Handlungen kann es wiederum keinen Körper geben. Deshalb ist es das Beste für uns, wenn wir unsere Tage glücklich verbringen und ohne Murren das geben, was wir zu geben haben, denn daran kommen wir nicht vorbei. Wir müssen natürlich darauf achten, keine neuen Beziehungen zu schaffen und keine frischen Saaten zu säen. Das ist der einzige Weg, um aus den unergründlichen Tiefen des karmischen Meeres herauszukommen.[171]

PFAD I

Es ist ein Irrtum, wenn wir glauben, daß sich die weltlichen Angelegenheiten nach der Initiation so ändern, daß uns unangenehme Dinge für immer erspart bleiben. Wir erleben Höhen und Tiefen als Ergebnis der Rückwirkungen unserer eigenen Taten. Wir müssen ihnen ins Auge sehen und sie überwinden. Wenn wir vor ihnen davonlaufen, werden die Schulden nicht beglichen.[172] Durch Gottes Willen und aufgrund des Pralabdh-Karmas wurden wir mit unserer Familie und den Verwandten verbunden, und wir sollten die Bedingungen freudig annehmen. Nur wer wirklich erkannt hat, kommt seinen Verbindlichkeiten während des Lebens aus freien Stücken nach. Wer weiß denn schon, wie viele Schwierigkeiten auf unsere unbezahlten Schulden zurückzuführen sind?[173] Wenn ihr jetzt irgend jemanden bis aufs Blut ausbeutet, dann wird dieser in der nächsten Geburt euch ausbeuten. Oberflächlich mag es dann so aussehen: "Er behandelt mich schlecht, er ist ein Tyrann, er ist grausam." Aber wer weiß, wovon das die Rückwirkung aus der Vergangenheit ist?[174]

Ich bedaure deine persönlichen Verhältnisse, und du fühlst dich verletzt und verwirrt. Das gegenwärtige Erdenleben beruht hauptsächlich auf den Auswirkungen vergangener Handlungen. Sie bestimmen Leid und Freude, Gesundheit und Krankheit, Ehre und Unehre. Ein wohl durchdachtes und geordnetes Leben, das auf spiritueller Glückseligkeit beruht, bietet uns jedoch mit der Zeit neue Möglichkeiten des Friedens und der Harmonie. Höhen und Tiefen sind die üblichen Kennzeichen des irdischen Lebens und sollten, da sie vergänglich sind, nicht überbewertet werden. Freudig sollten wir an dem goldenen Grundsatz festhalten, daß es in unserem eigenen spirituellen Interesse liegt, das Wohl und Wehe des Lebens im Geiste innerer Festigkeit und Ausgeglichenheit anzunehmen.

Das Leben eines Schülers dient der Loslösung der Seele von den karmischen Schulden, genau wie eine Bank, die aufgelöst werden soll und vorher jeden Heller abzurechnen und zurückzuzahlen hat. Wenn du alle Geschehnisse richtig verstehst und sie annimmst, wirst du viel zuversichtlicher, glücklicher und fröhlicher sein. Die Anordnungen des Himmels sind keinem Irrtum unterworfen. Doch die göttliche Fügung ist stets voller Gnade. Ein spirituell entwickelter Mensch wird alle Schwierigkeiten des äußeren Lebens überwinden, indem er seinen Willen mit dem Willen Gottes in Einklang bringt.[175] Wenn Meister kommen, greifen sie nicht in das Schicksals-Karma ein, obwohl sie es in gewissem Sinne doch tun: Sie beginnen nämlich, der Seele Nahrung zu geben. Um den physischen Körper zu ernähren, müssen wir essen und trinken, und um den Verstand zu stärken, lesen, schreiben und denken wir. Worte sind Nahrung für den Verstand. Die Seele jedoch wird nur durch das Brot des Lebens, durch die Erfahrung vom Jenseits, mit Nahrung versorgt. Durch diese Nahrung wird die Seele sehr kräftig, und obwohl vielleicht Unglück und Sorgen auf uns zukommen, werden ihre Auswirkungen nicht mehr so schlimm sein. Wenn man einen dornigen Weg gehen muß und feste Stiefel anzieht, wird man die Dornen nicht spüren. Nehmen wir an, da sind zehn Leute, und sie werden geschlagen. Einer von ihnen ist sehr schwach, und nach einigen Schlägen bricht er zusammen. Die anderen geben wohl zu, daß sie geschlagen wurden, aber sie spürten es nicht so sehr. Ähnlich ist es, wenn die Seele stark ist. Ob Glück oder Unglück auf sie zukommt, die Auswirkungen werden nicht so schlimm sein.[176]

Frage: Wie können wir der Eindrücke aus vergangenen Handlungen Herr werden?

Meister: Bei karmischen Folgen, die gerade Frucht tragen, ist das nicht möglich; zieht einfach feste Stiefel an, um euch vor den Stichen der Dornen zu schützen. Da der Mensch sterblich ist, wird er sterben. Die karmischen Rückwirkungen der Vergangenheit, die gerade Frucht tragen, können also nicht aufgehalten werden. Aber ihr könnt eine solche Haltung einnehmen, daß sie euch nicht schmerzen.[177]

Frage: Können wir auf irgendeine Weise erkennen, ob wir mit unseren Handlungen eine alte Schuld begleichen, oder ob wir etwas Neues beginnen?

PFAD I

Meister: Erhebe dich in die Kausalebene, vorher ist es nicht möglich.[178]

Frage: Wenn ein Schüler wegen seines Karmas zurückkommen muß, wie bald wird das sein?

Meister: Wenn er von einem kompetenten Meister initiiert wurde, dessen Geboten folgt, nach dem lebt, was er sagt, sich regelmäßig seinen Übungen hingibt, Licht sieht und auch den Tonstrom hört, so sehr, daß er alle äußeren Wünsche ablegt, dann muß er überhaupt nicht mehr zurückkehren. Er wird später weiter fortschreiten. Wer aber nichts oder nur wenig getan hat, muß wohl wieder zurückkommen, aber nicht unterhalb der menschlichen Ebene. Er wird dann wieder weitere Führung bekommen und nach oben gehen. Wer seinen Meister so sehr liebt, daß die Wünsche weggebrannt werden, solch eine Seele wird nicht zurückkehren, sie wird von dort aus weiter fortschreiten.[179]

Kein Initiierter kann die karmische Last anderer auf sich nehmen. Nur die gnädige Meisterkraft, die im menschlichen Pol des lebenden Meisters wirkt, kann karmische Schulden unter seinem göttlichen Willen begleichen und niemand sonst.[180]

16
Abkehr vom Pfad

Die Wege der Meister werden oft aus Mangel an spirituellem Wachstum mißverstanden.[181] Wenn ihr den doppelten Segen, einen menschlichen Körper und den vollendeten Meister, erhalten habt, und diese Gelegenheit verpaßt, weil ihr nicht auf ihn hört, was wird dann geschehen? Wer von den Einkünften anderer lebt, unterliegt dem Gesetz von Geben und Nehmen oder der Täuschung. Wenn ihr jemanden verletzt oder ihm Leid zufügt, erntet ihr die Auswirkung davon, und unter demselben Gesetz werdet ihr dort geboren werden, wo der von euch Verletzte geboren wird, damit das Konto ausgeglichen werden kann. "Wo eure Aufmerksamkeit ist, dort werdet ihr sein." Wer weiß, wann ihr wieder die menschliche Gestalt erlangt? Das Feuer verzehrt grünes Holz genauso wie trockenes, und jeder muß einmal gehen. Wenn ihr eure Tage damit verbringt, von allem zu lassen und nur den euch gegebenen unermeßlichen Schatz rettet, dann wird eure Arbeit hier von Erfolg gekrönt sein.[182]

Es gibt verschiedene Ursachen, die zu Zweifel und Skepsis führen, wenn die Lieben den Pfad verlassen oder vom rechten Weg abkommen. Hauptsächlich liegt es an mangelnder Standhaftigkeit und daran, daß sie die Gebote nicht halten. Eine Anfangserfahrung ist einfach deshalb besonders wichtig, damit die Fähigkeit und Echtheit eines Meisters überprüft werden kann, nämlich ob man bei der Initiation eine innere Erfahrung vom heiligen Naam aus erster Hand erhalten kann. Wenn man diese Erfahrung bekommen hat, selbst wenn es für den Anfang nur

PFAD I

wenig ist, so kann man durch regelmäßiges Üben mit der Zeit mehr erwarten.

Vollkommene Schülerschaft ist ein seltener Segen, der sich nur in sehr wenigen entfaltet, die nicht nur unablässig für ihren spirituellen Fortschritt arbeiten, sondern sich voll und ganz zu den heiligen Füßen des Meisters hingeben. Es ist sicher viel leichter, regelmäßig zu meditieren, sich an die Ernährungsvorschriften zu halten und andere äußere Anordnungen zu befolgen, als sich selbst vollkommen hinzugeben, denn das ist äußerst schwierig.[183] Wenn ihr nicht auf den Meister hört, werdet ihr ständig von den Feuern der Sinne verzehrt, und nicht nur in diesem Leben, sondern auch danach.[184] Denkt daran, wer die Mauer der Anordnungen des Meisters einreißt, wird niemals innere Erkenntnisse haben. Er mag ein bißchen innere Erfahrung und Hilfe bekommen, wird aber nie vollkommen werden.[185] Du wurdest gebeten, deine Erfahrungen weiter zu entwickeln, indem du der Meditation mit Liebe und Hingabe regelmäßig Zeit widmest. Das ist der Schlüssel zum Erfolg auf dem göttlichen Weg. Da du nicht nach diesen Anweisungen gelebt hast, hast du eine Gelegenheit verpaßt, dich der Führung des Meisters zu versichern, die bei jedem Schritt notwendig ist.

Wenn du den Eingebungen des eigenen Gemüts folgst und am Pfad etwas auszusetzen hast, so kannst du selbst feststellen, inwieweit das berechtigt ist. Das Gemüt muß auf dem Weg zur Ruhe gebracht werden.

In vielen Fällen liegt das Versagen in der Meditation daran, daß sie ungenau praktiziert wird, ohne Liebe und Hingabe, daß die richtige Ernährung nicht eingehalten wird und daß sie mit anderen Methoden oder Übungen vermischt wird. All diese Fehler begeht der Schüler. Es ist der Weg, neu geboren zu werden und in das Reich Gottes einzutreten. "Lernt zu sterben, damit ihr zu leben beginnen könnt", lehrte Christus, wie auch alle anderen Meister. Du bist in der glücklichen Lage, auf den Weg gestellt zu sein.[186]

Gott, der im menschlichen Pol wohnt, ermöglicht es der Seele, alle Bindungen zu überwinden. Im Gurbani wird gefragt: "Was ist denn schon die bindende, negative Kraft? - Ich kann sie hinauswerfen oder ganz entfernen und ersetzen." Die Aufzeichnungen der Worte aller großen Meister beinhalten grundlegende Wahrheiten, denn nur ein Meister oder jemand, dem er seine Gnade gewährt, sieht den wahren Zustand der Dinge. Die bindende Kraft kann ohne Zustimmung der befreienden, positiven Kraft nicht bestehen. Wir aber sind mißgeleitete, törichte Menschen, die manchmal zulassen, daß wir vom wahren Meister weggezogen werden. Leider gibt es das. Ganz gleich, welche Schwierigkeiten kommen, ganz gleich, wie euere Verfassung sein mag, laßt niemals die Hand des Meisters los, um euretwillen. Es ist ein Naturgesetz, daß ihr bis zu der Stufe kommen werdet, die euer Meister erreicht hat.[187]

Den Meister zu vergessen heißt, seinen Schutz zu verlieren und dadurch der bindenden Kraft eine Gelegenheit zu geben, euch unten zu halten. Dennoch verläßt euch die Meisterkraft nicht auf halbem Wege. Der Meister hat mächtige beschützende Hände. Die Saat der Spiritualität, die von ihm bei der Einweihung gesät wurde, muß sich früher oder später entwickeln. "Niemand kann diese Saat zerstören." Wenn ihr aber jetzt den Boden für ihr Wachstum nicht bestellt, müßt ihr wiedergeboren werden, und zwar als menschliches Wesen, um die Arbeit zu vollenden, denn die Saat, die ein vollendeter Meister gesät hat, muß keimen und in Fülle sprießen. Aber warum es aufschieben und eure Qual verlängern?[188] Warum sich nicht jetzt die Zeit nehmen, sich jetzt entwickeln und jetzt dieses Wiederkehren beenden? Ihr kommt innen mit dem Licht und dem Tonstrom in Verbindung, und wenn ihr fortschreitet, werdet ihr davon berauscht. Das birgt dann viel größere Glückseligkeit in sich. Wir bekommen von innen her mehr Freude und Glückseligkeit, und wenden uns dann natürlich von den äußeren Dingen ab. Eine solche Seele kann nie mehr zurückkehren, sie lebt nach dem Tod des physischen Körpers im Jenseits und bleibt dort. Eine Seele muß auch dort noch weiter fortschreiten, aber dies nimmt viel mehr Zeit in Anspruch, als man im physischen Körper benötigt. Also ist es immer besser, sich schon hier zu entwickeln, so gut es nur geht, damit man dann geradewegs in jene höhere Ebene gehen kann, bis zu der man sich hier entwickelt hat. Bitte sage allen, wie sehr ich wünsche, daß sie alle Fortschritte machen. Durch die Gnade Gottes haben sie bei der Initiation eine unmittelbare Erfahrung erhalten. Wenn etwas nicht richtig läuft, liegt es nur an den Auswirkungen dieser Dinge, die ich erklärt habe.[189]

Was läßt uns von der großartigen Straße der Spiritualität abweichen, nachdem wir den vollendeten Meister gefunden und die heilige Initiation von ihm erhalten haben? Es ist die Ich-Verhaftung des Menschen, die uns die spirituelle Erleuchtung versagt. Sie kann nur durch beharrliche spirituelle Disziplin und unbeirrbares regelmäßiges Einhalten der heiligen Meditation, verbunden mit tiefer, ehrfurchtsvoller Demut und Bescheidenheit gelöst werden. Manchmal beeinträchtigt eine unpassende Umwelt den spirituellen Fortschritt der Lieben, die immer um rechtes Verstehen und göttliche Gnade beten sollten.[190]

Ohne Zweifel, niemand gleicht dem Meister. Wer glaubt, ein anderer sei seinem Meister ebenbürtig, dessen Seele wird zur Ehebrecherin.[191]

Frage: Eine Bekannte entschloß sich, den Pfad zu verlassen. Warum geschieht so etwas?

Meister: Weil sie unter der Herrschaft des Gemüts steht. Sie wird vom Gemüt dazu verleitet. Wenn ihr zu einem Meister kommt, dann muß, wie Christus es sagte, "Satan warten". Wenn ihr aber damit einverstanden seid, daß dieser hervortritt, dann müßt ihr euren Fortschritt hintanstellen.[192]

Ihr werdet mit dem Meister heimkehren und nicht mit dem Gemüt, das euch vom Pfad, vom Meister, wegführen will. Es wird Mängel an ihm finden, vieles, was im Grunde euer eigener Fehler ist; ihr schaut nämlich durch gefärbte Brillengläser. Und wer meint, daß etwas aus ihm geworden sei, wird ebenfalls vom Gemüt verführt. Das Gemüt ist, wie ich euch schon sagte, ein sehr listiger Freund. Es wird immer versuchen, euch vom Pfad, von eurem Meister, von Gott, wegzuführen. Das Gemüt ist also ein Gehilfe der bindenden, der negativen Kraft. Es bemüht sich, euch vom Pfad, von Gott, abzubringen.[193]

17

Seine Gnade anrufen

*Der Niedere wurde durch Gottes Gnade hochgestellt,
und durch Seine Gnade konnte selbst der sinkende Stein
hinüberschwimmen.*

Nur durch Gottes Gnade war ich, als ich sank, in der Lage, hinüberzuschwimmen. Es besteht also Hoffnung für jeden. Es gibt großen Reichtum durch Gurbhakti, also Hingabe an den Meister, zu gewinnen. Ihr müßt euch eure Belohnung durch die Anwendung dessen, was er euch am Anfang gibt, verdienen. Der erste Schritt sollte also durch Gurbhakti getan werden.

*Ein ganzes Leben voll Gurbhakti ist notwendig,
und im nächsten Leben wirst Du Naam erhalten.
Die dritte Geburt bringt Erlösung,
und die vierte bringt Dich in Deine wahre Heimat.*

Wenn ihr in einem Leben Gurbhakti übt, werdet ihr im nächsten Naam bekommen, das dritte wird Erlösung bringen und im vierten werdet ihr Sach Khand, eure wahre Heimat erreichen. Alle diese Stufen könnt ihr, durch die Gnade des Meisters, sogar in der Zeitspanne eines einzigen Menschenlebens überschreiten. Alle Meister haben Loblieder über Gurbhakti gesungen.[194]

Der Meister sagt uns, daß Gott jeden liebt, der versucht, sich seine Eigenschaften zu eigen zu machen. Also sollten wir versuchen, herauszufinden, welche Eigenschaften dies sind, und sie auch unserm Wesen einprägen. Wenn in einem Büro eine Stelle frei ist und der zuständige Beamte eine gute Handschrift hat, wird er natürlich von Bewerbungen, die schön geschrieben sind, mehr beeindruckt werden. Wenn wir also Gott gefallen möchten, sollten wir uns eine Seiner Eigenschaft aneignen. Aber wie können wir solche Eigenschaften erkennen, wenn Ihn noch niemand gesehen hat? Wir können seine Eigenschaften nur im Meister beobachten, der das menschgewordene Wort ist, Gott in menschlicher Gestalt offenbart. Was auch Gottes Eigenschaften sind, der Meister besitzt sie. Wenn wir den Meister lieben und unsere ganze Aufmerksamkeit auf ihn richten, können wir alle Tugenden aufnehmen, und genau diese Tugenden werden sich dann in uns offenbaren. Wie der Mensch denkt, so wird er. Wenn man ständig an einen verdorbenen Menschen denkt, der mit Gott und allem, was Gott gleicht, gebrochen hat, dann wird man bereits nach kurzer Zeit wie er. Die Liebe des Herrn ist jedem eingeboren, in dem Er sich offenbart. "Gottes Eigenschaften kannst du sehen, wenn du den Meister siehst."[195] Wir sollten daher mit ganz reinem Herzen zum Meister gehen, mit Liebe und mit der gebührenden Hochachtung. Dann allerdings wird er euch sich selbst geben. So also können wir Liebe zum Meister entwickeln, zu Gott in ihm. Die Eigenschaften, die er in sich entwickelt hat, solltet ihr auch in euch zu entwickeln versuchen. Welche Eigenschaften sind das? Er möchte Liebe, kein Aufsehen; und er will, daß man das, was er sagt, auch befolgt. Wenn er einmal etwas sagt, hört auf ihn. Nehmt ihn wörtlich. Während ihr das entwickelt, werdet ihr die ganze Zeit im Innern wie im Äußeren beglückende Erinnerungen an den Meister haben. Es ist die Aufgabe des Meisters, sich um das zu kümmern, was er zu geben hat. Er ist nur gekommen, um Leben zu geben. Er hat nichts anderes zu tun. Er ist Leben, Licht und Liebe. Doch er kann euch diese Eigenschaften nur geben, wenn ihr empfänglich geworden seid und nichts zwischen euch und ihm steht. Die Eigenschaften Gottes spiegeln sich in ihm wider. Wenn ihr einfach diese Eigenschaften in euer eigenes Leben übernehmt, wird euch der Meister und Gott in ihm lieben. Christus sagte: "Wer mich aber liebt, der wird von meinem Vater geliebt werden, und ich werde ihn lieben

PFAD I

und mich ihm offenbaren." (Joh. 14,21) Alle Meister haben dasselbe gesagt.[196]

Eure liebevollen und demütigen Bitten an den Meister sind beachtenswert. Ein Gebet, das aus den Tiefen des Herzens kommt, ruft die göttliche Gnade und Barmherzigkeit an. Nur wer seine eigene Bedeutungslosigkeit und Hilflosigkeit erkennt, dem gewährt Gott mehr und mehr Gnade. Ein wahrer Schüler ist der, der die Gebote des Meisters genau befolgt.[197]

Jeder einzelne ist eine kostbare Persönlichkeit und muß die ihm gebührende Belohnung erhalten. Jeder wurde mit großen inneren Möglichkeiten ausgestattet, die entwickelt werden können, wenn man die Gnade des Meisters richtig nutzt.[198]

Wahr ist der Herr und wahr Sein heiliges Wort.
Seine Liebe wurde als grenzenlos beschrieben.
Der Mensch bittet um Seine Gaben, die er unermüdlich gewährt.
Wenn alles Sein ist, was können wir Ihm dann zu Füßen legen?
Was können wir sagen, um Seine Liebe zu gewinnen?
In der köstlichen Stunde der frühen Morgendämmerung
verbinde dich mit dem Göttlichen Wort
und meditiere über seine Herrlichkeit.
Unsere Geburt ist die Frucht unserer Handlungen,
Aber Erlösung kommt nur durch Seine Gnade.
O Nanak, wisse, daß der wahre Eine allem innewohnt.[199]

PFAD I
Verzeichnis der englischsprachigen Quellen

1 *Sat Sandesh*, April 1972, Seite 5
2 *Morning Talks*, Seite 150, Ausgabe 1970; Seite 192, Ausgabe 1972
3 *Morning Talks*, Ausgabe 1970, Seite 152; Ausgabe 1972, Seite 194
4 *Morning Talks*, Ausgabe 1970, Seite 152; Ausgabe 1972, Seite 194
5 *Sat Sandesh*, August 1972, Seite 5
6 *Morning Talks*, Ausgabe 1970, Seite 153; Ausgabe 1972, Seite 195
7 *Morning Talks*, Ausgabe 1970, Seite 151; Ausgabe 1972, Seite 193
8 *Sat Sandesh*, Dezember 1973, Seite 14; Rundbrief 27, Seite 11
9 *Sat Sandesh*, Februar 1970, Seite 10
10 *Sat Sandesh*, August 1969, Seite 10
11 *Spiritual Elixir*, Ausgabe 1967, Seite 69; Ausgabe 1972, Vol. 2, Seite 69
12 *Spiritual Elixir*, Ausgabe 1967, Seite 70; Ausgabe 1972, Vol. 2, Seite 70
13 *Spiritual Elixir*, Ausgabe 1967, Seite 72; Ausgabe 1972, Vol. 2, Seite 71
14 *Sat Sandesh*, Januar 1970, Seite 13
15 *Morning Talks*, Ausgabe 1970, Seite 61; Ausgabe 1972, Seite 79
16 *Sat Sandesh*, Januar 1970, Seite 7
17 *Spiritual Elixir*, Ausgabe 1967, Seite 292; Ausgabe 1972, Vol 1, Seite 205
18 *Sat Sandesh*, März 1971, Seite 5
19 *Sat Sandesh*, März 1971, Seite 11
20 *Prayer*, Seite 84
21 *Sat Sandesh*, September 1972, Seite 20
22 *Prayer*, Seite 85
23 *Prayer*, Seite 86
24 *Prayer*, Seite 87
25 *Sat Sandesh*, März 1969, Seite 3
26 *Prayer*, Seite 40
27 *Sat Sandesh*, Oktober 1971, Seite 4
28 *Spiritual Elixir*, Ausgabe 1967, Seite 24; Ausgabe 1972, Vol 2, Seite 122
29 *Sat Sandesh*, April 1970, Seite 4
30 Sant-The Master (Rundbrief), Seite 6
31 *Sat Sandesh*, Dezember 1973, Seite 5
32 *Sat Sandesh*, März 1972, Seite 19
33 *Spiritual Elixir*, Ausgabe 1967, Seite 209; Ausgabe 1972, Vol 1, Seite 122
34 *Sat Sandesh*, März 1972, Seite 21
35 *Sat Sandesh*, März 1971, Seite 14
36 *Sat Sandesh*, März 1969, Seite 3
37 *Sat Sandesh*, Oktober 1971, Seite 16
38 *Spiritual Elixir*, Ausgabe 1967, Seite 209; Ausgabe 1972, Vol 1, Seite 122

PFAD I

39	*Spiritual Elixir*, Ausgabe 1967, Seite 214; Ausgabe 1972, Vol 1, Seite 128
40	*Spiritual Elixir*, Ausgabe 1967, Seite 28; Ausgabe 1972, Vol 2, Seite 28
41	*Spiritual Elixir*, Ausgabe 1967, Seite 32; Ausgabe 1972, Vol 2, Seite 32
42	*Jap Ji*, Ausgabe 1964, Seite 117; Ausgabe 1972, Seite 157
43	*Spiritual Elixir*, Ausgabe 1967, Seite 202; Ausgabe 1972, Vol 1, Seite 115
44	*Sat Sandesh*, März 1970, Seite 13
45	*Simran*, Seite 10
46	Excerpts from Letters to New York Satsangis, Seite 25
47	*Sat Sandesh*, September 1970, Seite 9
48	*Sat Sandesh*, Mai 1969, Seite 3
49	*Sat Sandesh*, September 1970, Seite 15
50	*Sat Sandesh*, Februar 1972, Seite 9
51	*Spiritual Elixir*, Ausgabe 1967, Seite 208; Ausgabe 1972, Vol 1, Seite 121
52	*Spiritual Elixir*, Ausgabe 1967, Seite 217; Ausgabe 1972, Vol 1, Seite 130
53	*Simran*, Seite 3
54	*Sat Sandesh*, September 1970, Seite 9
55	*Sat Sandesh*, November 1971, Seite 32
56	*Sat Sandesh*, September 1970, Seite 19
57	*Spiritual Elixir*, Ausgabe 1967, Seite 234; Ausgabe 1972, Vol 1, Seite 147
58	*Sat Sandesh*, Dezember 1973, Seite 10
59	*Spiritual Elixir*, Ausgabe 1967, Seite 218; Ausgabe 1972, Vol 1, Seite 131
60	*Sat Sandesh*, Juli 1971, Seite 5
61	*Sat Sandesh*, Juli 1971, Seite 5
62	*Crown of Life*, Seite 144
63	*Spiritual Elixir*, Ausgabe 1967, Seite 15; Ausgabe 1972, Vol 2, Seite 15
64	*Simran*, Seite 10
65	Excerpts from Letters to New York Satsangis, Seite 57
66	*Sat Sandesh*, Juli 1971, Seite 28
67	*Sat Sandesh*, August 1970, Seite 23; Rundbrief 17, Seite 4
68	Initiation (Rundbrief)
69	*Naam or Word*, Seite 275
70	*Naam or Word*, Seite 278
71	*Naam or Word*, Seite 279
72	Excerpts from Letters to New York Satsangis, Seite 81
73	*Sat Sandesh*, Februar 1972, Seite 11
74	*Sat Sandesh*, Dezember 1969, Seite 30
75	*Spiritual Elixir*, Ausgabe 1967, Seite 52; Ausgabe 1972, Vol 2, Seite 52
76	*Sat Sandesh*, Juli 1971, Seite 30-31
77	St. Petersburg Darshan, 4. Dezember 1972
78	Excerpts from Letters to New York Satsangis, Seite 83
79	*Sat Sandesh*, Dezember 1970, Seite 13
80	*Morning Talks*, Ausgabe 1970, Seite 187; Ausgabe 1972, Seite 238
81	*Sat Sandesh*, September 1970, Rückseite

PFAD I

82	*Sat Sandesh*, April 1972, Seite 5
83	*Spiritual Elixir*, Ausgabe 1967, Seite 111; Ausgabe 1972, Vol 1, Seite 24
84	*Sat Sandesh*, Juli 1970, Seite 19; Rundbrief 22, Seite 2
85	*Sat Sandesh*, Februar 1971, Seite 3
86	*Sat Sandesh*, Februar 1971, Seite 4
87	Anaheim Farewell Talk, November 1972
88	*Sat Sandesh*, Juli 1968, Seite 11
89	*Sat Sandesh*, Oktober 1971, Seite 5
90	*Sat Sandesh*, Dezember 1970, Seite 11
91	*Sat Sandesh*. Juni 1972, Seite 9
92	*Spiritual Elixir*, Ausgabe 1967, Seite 90; Ausgabe 1972, Vol 1, Seite 2
93	*Sat Sandesh*, Oktober 1971, Seite 5
94	*Sat Sandesh*, Oktober 1970, Seite 2
95	*Sat Sandesh*, Dezember 1971, Seite 22
96	*Sat Sandesh*, Oktober 1971, Seite 4
97	*Spiritual Elixir*, Ausgabe 1967, Seite 74; Ausgabe 1972, Vol 2, Seite 73
98	*Sat Sandesh*, Dezember 1971, Seite 14
99	*Sat Sandesh*, Juli 1970, Seite 20; Rundbrief 22, Seite 3
100	Letter to an Initiate
101	Santa Clara afternoon talk, 17. November 1972
102	Rundbrief 66, Seite 2
103	*Sat Sandesh*, April 1970, Seite 25
103a	*Sat Sandesh*, November 1973, Seite 14
104	*Sat Sandesh*, Oktober 1971,. Seite 22
105	*Prayer*, Seite 1
106	*Spiritual Elixir*, Ausgabe 1967, Seite 219; Ausgabe 1972, Vol 1, Seite 132
107	*Prayer*, Seite 14
108	*Spiritual Elixir*, Ausgabe 1967, Seite 245; Ausgabe 1972, Vol 1, Seite 158
109	*Prayer*, Seite 66
110	*Sat Sandesh*, September 1972, Seite 18
111	*Prayer*, Seite 58
112	*Prayer*, Seite 58
113	*Spiritual Elixir*, Ausgabe 1967, Seite 127; Ausgabe 1972, Vol 1, Seite 40
114	*Prayer*, Seite 43
115	*Spiritual Elixir*, Ausgabe 1967, Seite 246; Ausgabe 1972, Vol 1, Seite 159
116	*Spiritual Elixir*, Ausgabe 1967, Seite 247; Ausgabe 1972, Vol 1, Seite 160
117	*Sat Sandesh*, März 1970, Seite 25; Rundbrief 3, Seite 4
118	*Sat Sandesh*, Oktober 1971, Seite 22
119	Selections of Letters from Master, Seite 2
120	*Sat Sandesh*, Februar 1971, Seite 4
121	*Sat Sandesh*, März 1970, Seite 12
122	*Sat Sandesh*, November 1970, Seite 8
123	*Sat Sandesh*, April 1972, Seite 9

PFAD I

124   *Spiritual Elixir*, Ausgabe 1967, Seite 114; Ausgabe 1972, Vol 1, Seite 26
125   Excerpts from Letters to New York Satsangis, Seite 78
126   *Sat Sandesh*, April 1971, Seite 14
127   *Sat Sandesh*, November 1970, Seite 19; The Way of Love (Rundbrief), Seite 2
128   *Sat Sandesh*, September 1971, Seite 23
129   *Sat Sandesh*, März 1969, Seite 10
130   Cincinnati Talk, Vernon Manor, Nov. 4, 1972
131   *Sat Sandesh*, April 1972, Seite 6
132   Excerpts from Letters to New York Satsangis, Seite 42
133   *Jap Ji*, Ausgabe 1964, Seite 93; Ausgabe 1972, Seite 121
134   *Morning Talks*, Ausgabe 1970, Seite 151; Ausgabe 1972, Seite 194
135   *Sat Sandesh*, Dezember 1970, Seite 9
136   Message on Baba Sawan Singh Ji's Birthday, 20. Juli 1968
137   *Sat Sandesh*, Februar 1971, Seite 6
138   *Sat Sandesh*, Oktober 1971, Seite 8
139   *Morning Talks*, Ausgabe 1970, Seite 59; Ausgabe 1972, Seite 77
140   *Morning Talks*, Ausgabe 1970, Seite 130; Ausgabe 1972, Seite 166
140a *Morning Talks*, Ausgabe 1970, Seite 131; Ausgabe 1972, Seite 168
141   *Morning Talks*, Ausgabe 1970, Seite 61; Ausgabe 1972, Seite 79
142   *Sat Sandesh*, Oktober 1971, Seite 6
143   *Sat Sandesh*, März 1970, Seite 12
144   *Sat Sandesh*, Dezember 1971, Seite 31
145   *Sat Sandesh*, August 1970, Seite 20; Rundbrief 17, Seite 2
146   *Sat Sandesh*, September 1972, Seite 20
147   *Sat Sandesh*, Juli 1971, Seite 29
148   *Sat Sandesh*, Februar 1971, Seite 5
149   *Sat Sandesh*, September 1972, Seite 24
150   *Sat Sandesh*, Februar 1971, Seite 12
151   *Sat Sandesh*, Februar 1971, Seite 31
152   *Sat Sandesh*, September 1972, Seite 22
153   *Sat Sandesh*, Oktober 1971, Seite 6
154   *Spiritual Elixir*, Ausgabe 1967, Seite 303; Ausgabe 1972, Vol 1, Seite 216
155   *Spiritual Elixir*, Ausgabe 1967, Seite 300; Ausgabe 1972, Vol 1, Seite 213
156   *Spiritual Elixir*, Ausgabe 1967, Seite 96; Ausgabe 1972, Vol 1, Seite 8
157   *Sat Sandesh*, April 1969, Seite 9
158   *Sat Sandesh*, Dezember 1970, Seite 8
159   Excerpts from Letters to New York Satsangis, Seite 75
160   *Sat Sandesh*, März 1970, Seite 6
161   *Spiritual Elixir*, Ausgabe 1967, Seite 91; Ausgabe 1972, Vol 1, Seite 3
162   *Man Know Thyself*, Seite 12
163   *Sat Sandesh*, März 1970, Seite 24; Rundbrief 3, Seite 3
164   *Spiritual Elixir*, Ausgabe 1967, Seite 42; Ausgabe 1972, Vol 2, Seite 42
165   *Sat Sandesh*, Februar 1970, Seite 7

166 *Sat Sandesh*, Juli 1971, Seite 28
167 *Sat Sandesh*, Februar 1970, Seite 9
168 *Spiritual Elixir*, Ausgabe 1967, Seite 75; Ausgabe 1972, Vol 2, Seite 75
169 *Sat Sandesh*, Februar 1970, Seite 7
170 *Sat Sandesh*, Januar 1970, Seite 13
171 *Sat Sandesh*, Januar 1969, Seite 8
172 *Spiritual Elixir*, Ausgabe 1967, Seite 119; Ausgabe 1972, Vol 1, Seite 32
173 *Sat Sandesh*, April 1971, Seite 30
174 *Sat Sandesh*, Dezember 1972, Seite 7
175 Excerpts from Letters to New York Satsangis, Seite 54
176 *Sat Sandesh*, Januar 1970, Seite 15
177 Fort Lauderdale Talk, 7. Dezember 1972
178 Cincinnati Talk, 3. November 1972
179 St. Petersburg Talk, Sandpiper Hotel, 4. Dezember 1972
180 Excerpts from Letters to New York Satsangis, Seite 56
181 *Sat Sandesh*, September 1970, Seite 11
182 *Sat Sandesh*, Februar 1971, Seite 11
183 Excerpts from Letters to New York Satsangis, Seite 27
184 *Sat Sandesh*, Juni 1971, Seite 32
185 *Sat Sandesh*, Dezember 1970, Seite 9
186 *Spiritual Elixir*, Ausgabe 1967, Seite 140; Ausgabe 1972, Vol 1, Seite 53
187 *Sat Sandesh*, Oktober 1971, Seite 9
188 *Sat Sandesh*, April 1968, Seite 12
189 *Sat Sandesh*, Oktober 1971, Seite 23
190 *Spiritual Elixir*, Ausgabe 1967, Seite 10; Ausgabe 1972, Vol 2, Seite 10
191 *Sat Sandesh*, Dezember 1970, Seite 10
192 Fort Lauderdale Talk, 8. Dezember 1972
193 Cincinnati Talk, 3. November 1972
194 *Sat Sandesh*, März 1970, Seite 15
195 *Sat Sandesh*, Februar 1972, Seite 8
196 *Morning Talks*, Ausgabe 1970, Seite 248; Ausgabe 1972, Seite 316
197 Letter to an Initiate
198 *Spiritual Elixir*, Ausgabe 1967, Seite 298; Ausgabe 1972, Vol 1, Seite 211
199 *Jap Ji*, Ausgabe 1964, Seite 90, Stanza IV; Ausgabe 1972, Seite 118

Sant Kirpal Singh

Sant Kirpal Singh wurde von Hazur Baba Sawan Singh beauftragt, das spirituelle Werk nach ihm fortzuführen. Aufgrund seiner Studien der vergleichenden Religionswissenschaft präsentierte er Spiritualität als Wissenschaft und konnte so den Menschen im Westen die Lehren des Ostens leicht verständlich machen. Er unternahm drei Weltreisen und reiste auch viel in Indien, wobei er die Lehren verbreitete. Er gründete den Sawan Ashram in Delhi, wo sich Sucher aus der ganzen Welt trafen, um die Lehren der Wissenschaft der Spiritualität zu praktizieren.

Sant Kirpal Singh lehrte aber nicht nur die Kunst der Meditation, sondern er setzte sich auch für die Einheit aller Menschen und für den Weltfrieden ein. 1956 hielt er die Eröffnungsansprache zur Neunten Generalsitzung der UNESCO in Neu Delhi, Indien. Sein Vortrag "Weltfrieden im Atomzeitalter" ist ein Wegweiser, wie man Weltfrieden erreichen und erhalten kann, eine zeitlose Vignette, deren Botschaft noch heute aktuell ist. Er lehrte, daß man Weltfrieden erlangen kann, wenn man die gesamte Schöpfung als eine Familie in Gott erkennt. Zu seiner Zeit wollten nur wenige religiöse Oberhäupter auf einem Podium zusammentreffen. Seine Fähigkeit, Menschen verschiedener Religionszugehörigkeit zusammenzuführen, basierte auf dem, was alle Glaubensrichtungen gemeinsam haben. Aus diesem Grunde wurde er einstimmig zum Präsidenten der vier Konferenzen der Weltgemeinschaft der Religionen 1957, 1960, 1965 und 1970 gewählt. Diese Konferenzen brachten Persönlichkeiten verschiedener Religionen auf einem Podium zusammen, um gegenseitiges Verständnis in einem Geist der Liebe und des Respekts zu entwickeln.

Durch seine Kenntnis im vergleichenden Yogastudium war Sant Kirpal Singh auch eine der größten Autoritäten der Welt auf diesem Gebiet, und er half den Menschen, zu jener Yogaart zu finden, die für ihr jeweiliges Ziel am besten geeignet war. Oberhäupter verschiedener Religionen und Yogagruppen suchten ihn auf, um Wissen und Führung in spirituellen Belangen zu erhalten.

1969 errichtete er Manav Kendra, ein Zentrum zur Weiterentwicklung der Menschen in körperlicher, mentaler und spiritueller Hinsicht, während diese gleichzeitig der Menschheit und der Umwelt dienen konnten.

1974 beschloß Sant Kirpal Singh, eine Konferenz mit dem Ziel durchzuführen, die Menschen nicht nur auf der Ebene der Religionen zusammenzuführen, sondern auf der Ebene ihres gemeinsamen Menschseins. So hielt er im Februar 1974 in Delhi die erste Konferenz zur Einheit der Menschen ab. Dabei saßen sowohl Theisten als auch Atheisten als eine Familie Gottes beisammen. Er lehrte, daß es nur einen Gott gibt, obwohl Er in verschiedenen Ländern und Religionen unterschiedlich bezeichnet wird. Seine Lebensaufgabe war es, die Barrieren zwischen den Menschen zu entfernen und alle Menschen in einer gemeinsamen Familie zu vereinen.

Seine Bücher erreichten die Menschen und ermutigten den Leser, sich spirituell zu entwickeln. Einige der rund zwanzig Bücher, die er schrieb, sind: *Die Krone des Lebens - eine Studie der Yogalehren; Das Gebet - sein Wesen und seine Methode; Naam oder das Wort*, das die gemeinsamen Grundzüge der verschiedenen Religionen hervorhebt.

Seine Arbeit wurde von vielen Führungspersönlichkeiten aller gesellschaftlichen Ebenen anerkannt. 1964 war er der erste Nicht-Christ, der mit dem Malteserorden ausgezeichnet wurde. Auf seinen Reisen begegnete er in Rom Papst Paul VI. Bei diesem Treffen tauschten sie ihre Ansichten über den Weltfrieden aus. So traf er sich auch mit dem Großherzog von Oldenburg, dem Erzbischof der römisch-katholischen Kirche, Premierminister Lemass von Irland, mit Präsident De Valera von Irland und mit dem Gouverneur von Massachusetts. In Kolumbien sprach er vor dem Stadtrat von Cali.

PFAD I

Viele Führungspersönlichkeiten Indiens und Politiker kamen zu Sant Kirpal Singh, um einen Meinungsaustausch über die Frage, wie man Weltfrieden und menschliche Einheit erreicht, zu pflegen. An der Konferenz zur Einheit der Menschen im Februar 1974 nahm auch Staatspräsidentin Indira Gandhi teil. 1974 hielt Sant Kirpal Singh eine Ansprache vor dem indischen Parlament und verkündete dort seine Botschaft des Friedens und der Hoffnung für die Zukunft der Menschheit.

Heute wird Sant Kirpal Singh auf der ganzen Welt als Vater der Konferenz zur Einheit der Menschen anerkannt, und man verehrt ihn darüber hinaus, weil er den Grundstein für Einheit und Frieden legte.

Die Wissenschaft der Spiritualität und Sant Rajinder Singh

Sant Rajinder Singh ist heute nach Sant Kirpal Singh und Sant Darshan Singh der spirituelle Leiter der Wissenschaft der Spiritualität, einer internationalen, gemeinnützigen Organisation, die sich dem Frieden, der Einheit und dem Dienst an der Menschheit widmet, mit Hauptsitz in Delhi, Indien, und über 1000 Zentren in aller Welt.

Sant Rajinder Singh ist international anerkannt für seinen Einsatz für die Einheit der Menschheit. Er unternimmt weite Reisen, um die Botschaft des Friedens in alle Welt zu tragen. Auf seinen vielen Reisen durch Nordamerika, Südamerika, Europa, Australien und Asien hält er Vorträge und Meditationsseminare, um den Menschen zu helfen, inneren und äußeren Frieden durch Meditation zu finden. Er unterstützt und leitet zweimal im Jahr Konferenzen in Delhi, die *Internationale Konferenz zur Einheit der Menschen* und die *Weltkonferenz über Mystik*, die von 50.000 Teilnehmern aus aller Welt, auch von religiösen, öffentlichen und gesellschaftlichen Führungspersönlichkeiten, besucht werden.

Sant Rajinder Singh hat für seinen unermüdlichen persönlichen Einsatz für Einheit und Frieden von Gouverneuren, Senatoren und Bürgermeistern in aller Welt Ehrungen erhalten. So wurde er z.B. vom kolumbianischen Präsidenten Virgilio Barco und vom früheren australischen Premierminister Malcolm Fraser empfangen. Das Kultusministerium von Kolumbien ehrte ihn mit der *Medaille für kulturelle Verdienste*, und in den USA erhielt er eine besondere Ehrung von der Regierung des Staates Michigan.

Als Schüler von zwei großen Weisen und Heiligen, Sant Kirpal Singh und Sant Darshan Singh, wurde er einerseits nach den mystischen Traditionen seines Geburtslandes Indien geformt, andererseits prägte die rational ausgerichtete Wissenschaft des Westens seinen Intellekt. Neben seiner spirituellen Entwicklung erhielt er eine Ausbildung in den Naturwissenschaften. Als hervorragender Student schloß er seine akademischen Studien ab und graduierte 1967 zum Elektroingenieur an dem renommierten *Institute of Technology* in/Madras in Indien.

Er setzte seine Studien in den USA fort, wo er sie schließlich am *Illinois Institute of Technology* in Chikago mit Auszeichnung abschloß. Sant Rajinder Singh arbeitete zwanzig Jahre lang erfolgreich auf den Gebieten Naturwissenschaft, Computertechnik und Kommunikationstechnik und erreichte in einem der bekanntesten Forschungsinstitute der Welt eine hohe Position. Er war verantwortlich für verschiedene bedeutende Produktinnovationen, von denen eine sogar eine nationale Auszeichnung erhielt. Sant Rajinder Singh konzentriert sich auf die Integration von Wissenschaft und Spiritualität als Mittel für Frieden und Erleuchtung.

PFAD I

Seine Publikationen umfassen *Ökologie der Seele und Positive Mystik, Erziehung zum Weltfrieden, Orte der Kraft - Kräfte des Lebens, Die Zukunft gestalten - Eine Vision der spirituellen Einheit und des Friedens*, und in Hindi *Spiritualität in der heutigen Zeit*, sowie zahlreiche Artikel über Spiritualität, Frieden und Einheit. Sie wurden in über fünfzig Sprachen übersetzt. Er widmet sein Leben ganz dem Ziel, der Menschheit zu helfen, Frieden und Harmonie zu finden. Seine Botschaft ist einfach und klar: "Nur durch inneren Frieden können wir äußeren Frieden erreichen. Durch Meditation können wir in uns Frieden, Glückseligkeit und dauerhaftes Glück finden. Wenn wir das einmal erreicht haben, werden wir Liebe und Zufriedenheit auf andere ausstrahlen, was schließlich den Frieden in der ganzen Welt fördern wird."

ADRESSEN

Sant Rajinder Singh,
Kirpal Ashram,
Kirpal Marg - Vijay Nagar,
Delhi - 110009 / Indien

Science of Spirituality
4 S. 175 Naperville Road,
Naperville, IL 60563 U.S.A.
Tel: (708) 955-1200
Fax: (708) 955-1205

INFORMATION

Wissenschaft der Spiritualität e.V. München
Geschäftsstelle
Jägerberg 21, D-82335 Berg
Tel: (0 81 51) 5 04 49
Fax: (0 81 51) 5 10 38

PFAD I

Im gleichen Verlag erschienen:

Sant Kirpal Singh - ein Leben für Liebe, Einheit und Frieden

202 Seiten, kartoniert
ISBN 3-9800588-7-5
Sant Kirpal Singh war eine Verkörperung des Friedens, der Wahrheit, der Liebe und der Stärke und Sanftmut. Er zeigte uns durch seinen Lebenswandel, wie ein wahrer Mensch sein sollte. In diesem Buch finden wir neben einer Darstellung von Leben und Werk Sant Kirpal Singhs eine Sammlung seiner wichtigsten frühen Schriften, die er neben seinen zahlreichen Buchveröffentlichungen verfaßte. Jedes Kapitel geht auf einen besonderen Aspekt der wahren Menschwerdung ein und sollte uns so Hilfe auf unserem Weg zu Selbsterkenntnis und Gotterkenntnis sein.

Das Geheimnis der Geheimnisse - Spirituelle Gespräche

256 Seiten, Leinen
ISBN 3-9800588-0-8
Dieses Buch enthält Gespräche von Herz zu Herz für den Sucher nach Spiritualität. Es enthüllt den Ursprung und die Ausübung wahrer Liebe. In einer oft zutiefst spirituellen und poetischen Sprache werden spontane Antworten von Sant Darshan Singh auf Fragen westlicher Besucher wiedergegeben. Selten wurde Spiritualität - die Vereinigung der Seele mit der Überseele - so anschaulich und gleichzeitig so poetisch dargelegt. Für den Freund spiritueller Prosa ist dieses Buch ein Leckerbissen.

Bücher und Broschüren der Wissenschaft der Spiritualität

Von Sant Rajinder Singh: Die Zukunft gestalten - Eine Vision
der spirituellen Einheit und des Friedens
Ökologie der Seele & Positive Mystik
Orte der Kraft, Kräfte des Lebens
Erziehung zum Weltfrieden
Von Sant Darshan Singh: Das Geheimnis der Geheimnisse
Spirituelles Erwachen
Eine Träne und ein Stern
Das Rufen der Seele
Liebe auf Schritt und Tritt
Liebe wohin ich kam
Seelenenergie, die Quelle aller Energie
Die Bedeutung von Christus
Von Sant Kirpal Singh: Karma - Das Gesetz von Ursache und Wirkung
Was ist Spiritualität
Das Gebet - Sein Wesen und seine Methode
Die Krone des Lebens
Gottmensch
Von der Gottsuche zur Verwirklichung
Der Meister spricht, Band I und II
Morgengespräche
Mysterium des Todes
Gespräche von Herz zu Herz
Simran
Mensch erkenne Dich selbst
Von anderen Verfassern Sant Kirpal Singh -
Ein Leben für Liebe, Einheit & Frieden
Das Wirken des Vollendeten
Kirpal Singh - Die Geschichte eines Heiligen
Biographie der Liebe

Bücher (auch in englischer Sprache) erhältlich bei:
SK - PUBLIKATIONEN,
Ludwigstr. 3, D-95028 Hof/Saale
Tel.: 09281/87412, Fax: 09281/142663